차례

성 막

그리고 제사장 복장을 한 제사장의 모습

성막은 하늘에 있는 하나님의 보좌의 식양을 따라 하나님을 위하여 지어진 성소(聖所)로, 하나님께서 친히 자기 백성 가운데 거하시기 위하여 선택하신 장소입니다. 이것은 하나님께서 모세를 통하여 그 백성을 애굽 땅에서 구해 내신 때로부터, 그들이 가나안 땅에 정착할 때까지 이스라엘 민족의 구심점이었습니다. 이 선택받은 백성은 400년 이상 이 성막에서 하나님을 예배했습니다. 그러나 그들은 언약궤 위의 시은좌에 임하시는 하나님의 영광스러운 임재로부터 분리되어 휘장 너머 멀리 떨어져 하나님을 예배하곤 했습니다. 그 안에는 제사장 복장을 한 대제사장이 들어갈 수 있었는데, 그것도 일 년에 단 한 번 속죄일에만 들어갔습니다.

솔로몬 성전

다윗 왕은 자기가 예루살렘의 백향목 궁전에 살고 있는 반면에 여호와의 언약궤는 휘장으로 가려진 채 성막 안에 놓여 있다는 사실이 가슴 아팠습니다. 그러나 다윗은 전쟁의 사람이었으므로, 하나님은 평화의 사람이었던 다윗의 아들인 솔로몬에게 성전을 건축하는 특권을 부여하셨습니다.
솔로몬이 지은 성전의 웅장함은 오직 하나님의 영광이 하나님의 성전을 채울 때만 그 빛을 잃게 될 정도로 찬란했습니다. 하나님의 임재하심이 에스겔 선지자의 시대까지 약 350여년 동안 이 성전에 머물러 있었습니다. 그런 다음 유다 백성의 죄와 임박한 하나님의 심판으로 인하여, 여호와의 영광이 그곳을 떠났습니다.
이 성전은 B.C. 586년에 바벨론에 의하여 파괴되고 폐허로 남았습니다.

헤롯 성전

예수님 당시의 초막절에

이스라엘의 남은 자들이 바벨론 포로 생활을 마치고 돌아왔을 때, 그들 앞에 놓인 성전 재건 과업은 너무 엄청났습니다. 이 대역사는 B.C. 536년에 시작되었지만 2년 후 중단되었습니다. 그들은 하나님의 전을 재건하는 일보다 자신들의 집을 재건하는 일이 더 쉽다고 생각했습니다. 그때 하나님께서는 학개 선지자를 통해 말씀하셨습니다. 마음에 찔림을 받아 백성이 성전을 완성했습니다. 스룹바벨의 영도 아래 지어진 이 성전이 비록 솔로몬 성전과는 비교할 수 없었고, 또한 하나님께서 자신의 영광으로 이 성전을 채우시지 않았지만, 하나님께서는 그 백성의 순종을 귀히 여기셨습니다.
헤롯이 유다의 분봉왕이 되었을 때, 그는 이 두 번째 성전을 솔로몬 성전보다 더 장대하게 건축하기를 열망했습니다. 그러나 요셉과 그의 아내 마리아가 아들을 하나님께 바치기 위해 그 아들 예수를 그곳에 데려오기까지 그 웅장하게 지어진 성전에는 하나님의 영광이 없었습니다. 예수 그리스도의 인격 안에 있는 하나님의 영광(요한복음 1:14)은 헤롯 성전에 자주 나타나셨으나 마침내 예수님께서 성전에서 마지막으로 나오신 후 성전은 황폐하게 되어 버렸습니다. 예수님께서 십자가에 못 박히시던 날, 성전의 휘장이 두 조각으로 찢어졌습니다. 새 언약이 시작되었기 때문입니다.
A.D. 70년 헤롯 성전은 로마의 티투스 장군에 의해 예수님께서 예언하신 대로 파괴되었습니다.

성전산

두 번째 성전시대

1. 두 번째 성전(헤롯 성전)
2. 서쪽 벽
3. 윌슨 아치*
4. 바클레이 문*
5. 작은 상점들
6. 남북간 주요 도로
7. 로빈슨 아치*
8. 윗성
9. 왕궁 포치
10. 벽기둥
11. 이중문
12. 삼중문
13. 광장
14. 종교 의식의 목욕탕
15. 법정(공회당)
16. 헤롯 망대
17. 가장 큰 각석
18. 안토니아 요새
19. 워런 문*
20. 이방인의 뜰
21. 동문

** 19세기 탐험가들의 이름이 붙여졌다.*

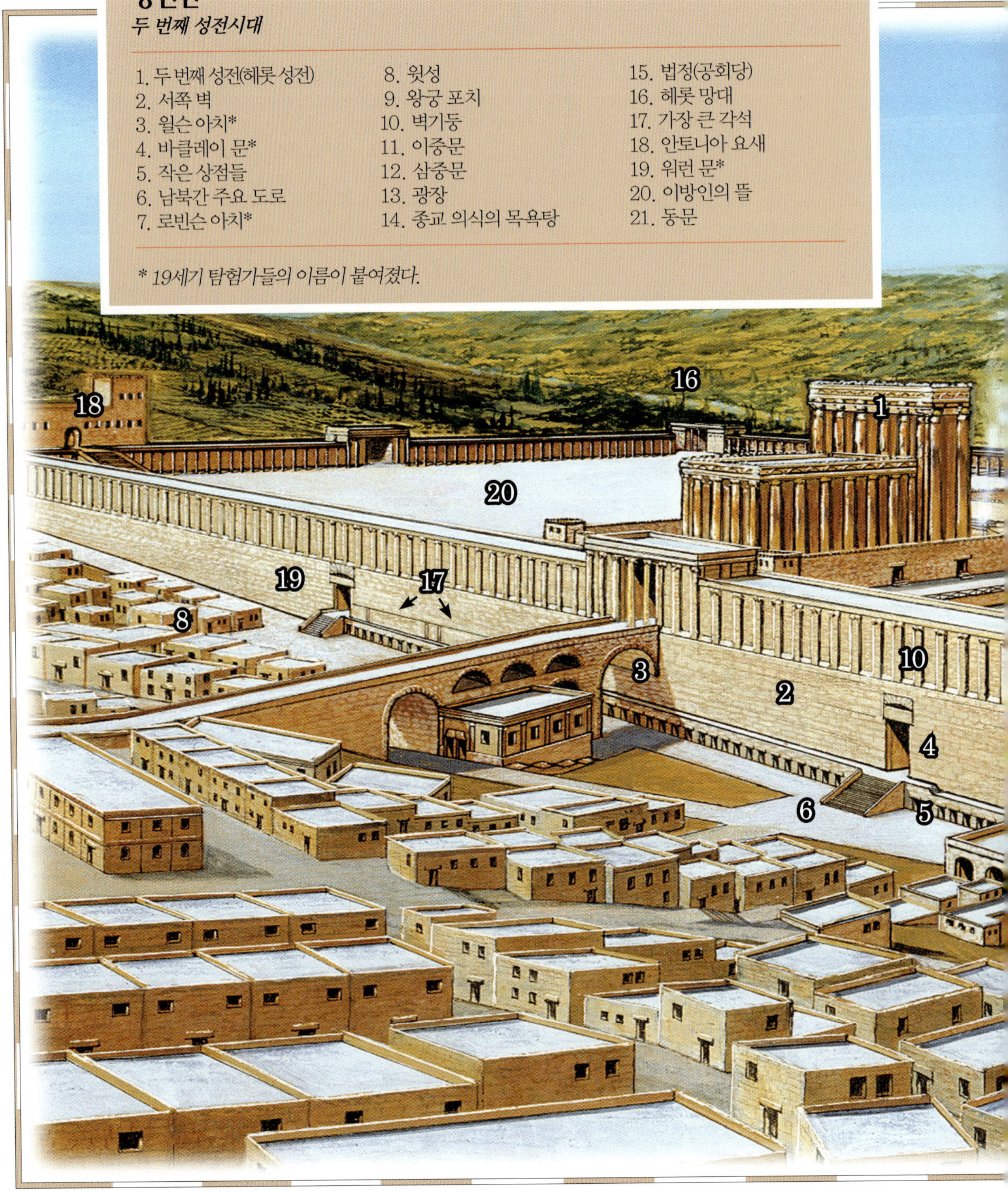

21
20
9
12
11
14
15
7
13

이스라엘의 역사 – 아담에서 솔로몬까지

5000 4000 3000 2000 1800 1600 1400 1200 1150 1100 1050 1000 950

성경에 기록된 인간을 향한 하나님의 계시 전체를 충분히 이해하고 그 진가를 진정으로 알기 위해서는 성경 전체를 명백히 이해해야 합니다. 성경의 사건, 계시, 진리, 그리고 사람들을 균형잡힌 안목을 가지고 바로 보는 것이 필수적입니다. 인류의 시작부터 최근에 이르기까지 이스라엘의 역사를 쉽게 이해하게 안내해주는 이 도표는 성경 말씀을 적절한 역사적 연대기적 문맥 속에서 이해할 수 있도록 돕기 위해 구상하고 만들었습니다. 이 도표를 사용하여 성경을 귀납적으로 연구하면 더 깊이 깨닫고 한층 더 큰 수확을 얻을 것입니다.

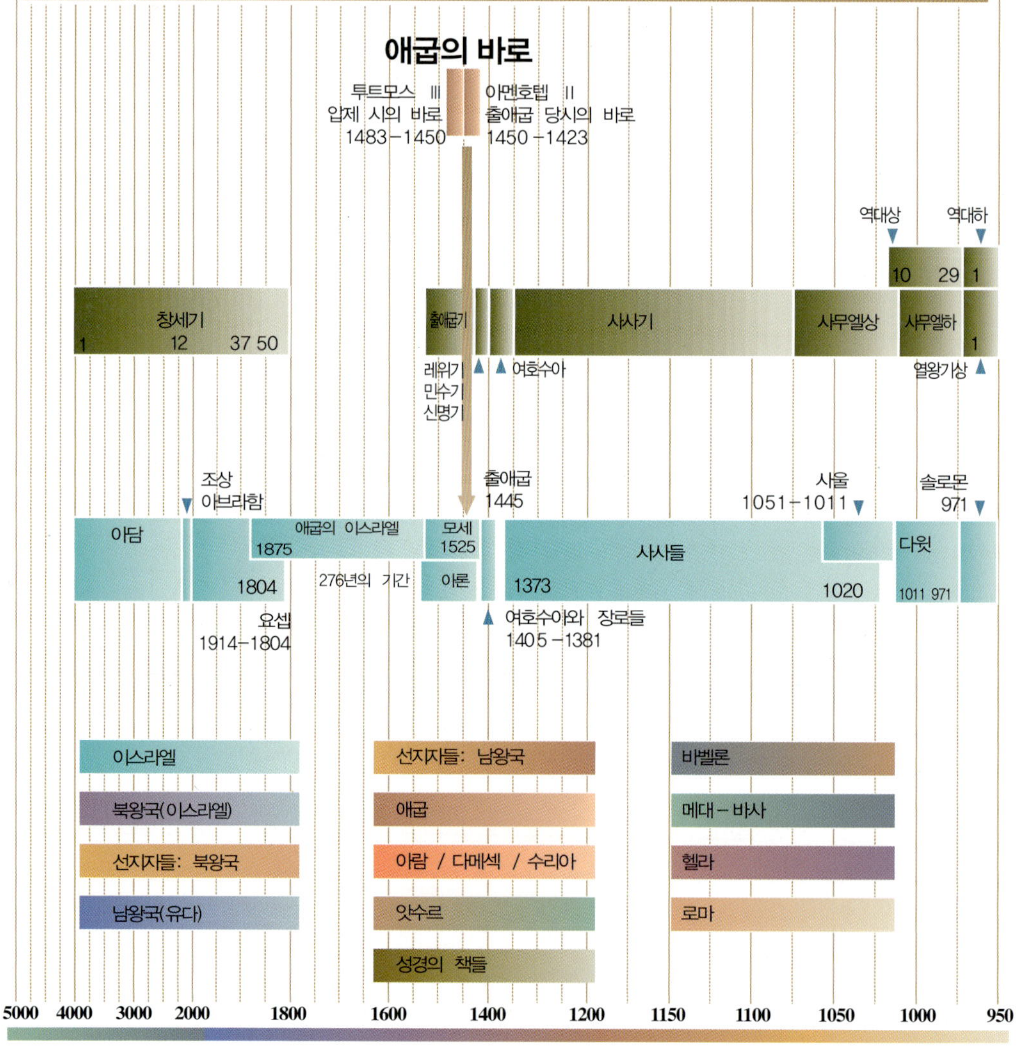

이스라엘의 역사 – 분열왕국

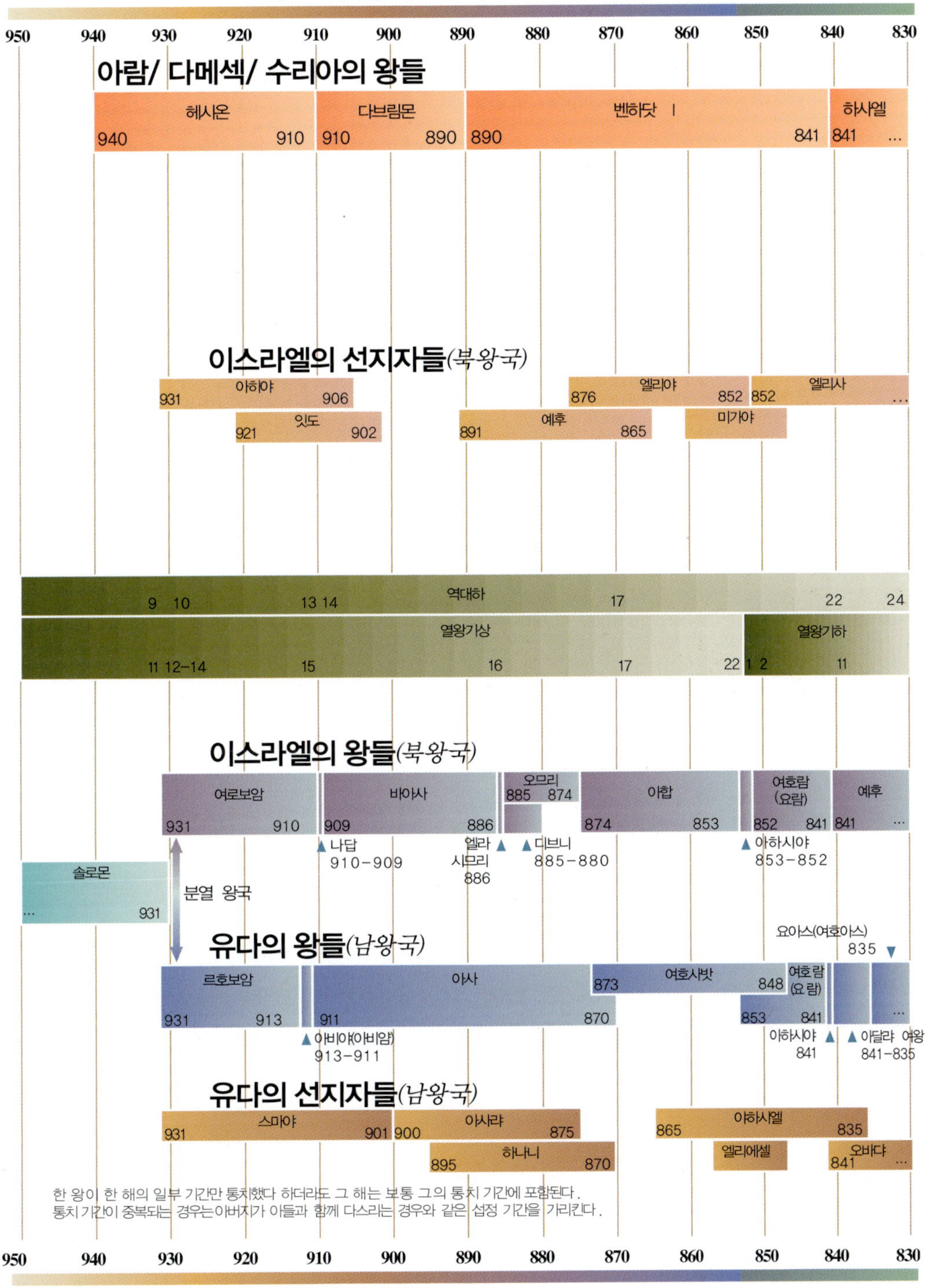

한 왕이 한 해의 일부 기간만 통치했다 하더라도 그 해는 보통 그의 통치 기간에 포함된다.
통치 기간이 중복되는 경우는 아버지가 아들과 함께 다스리는 경우와 같은 섭정 기간을 가리킨다.

이스라엘의 역사 – 앗수르에 사로잡힘

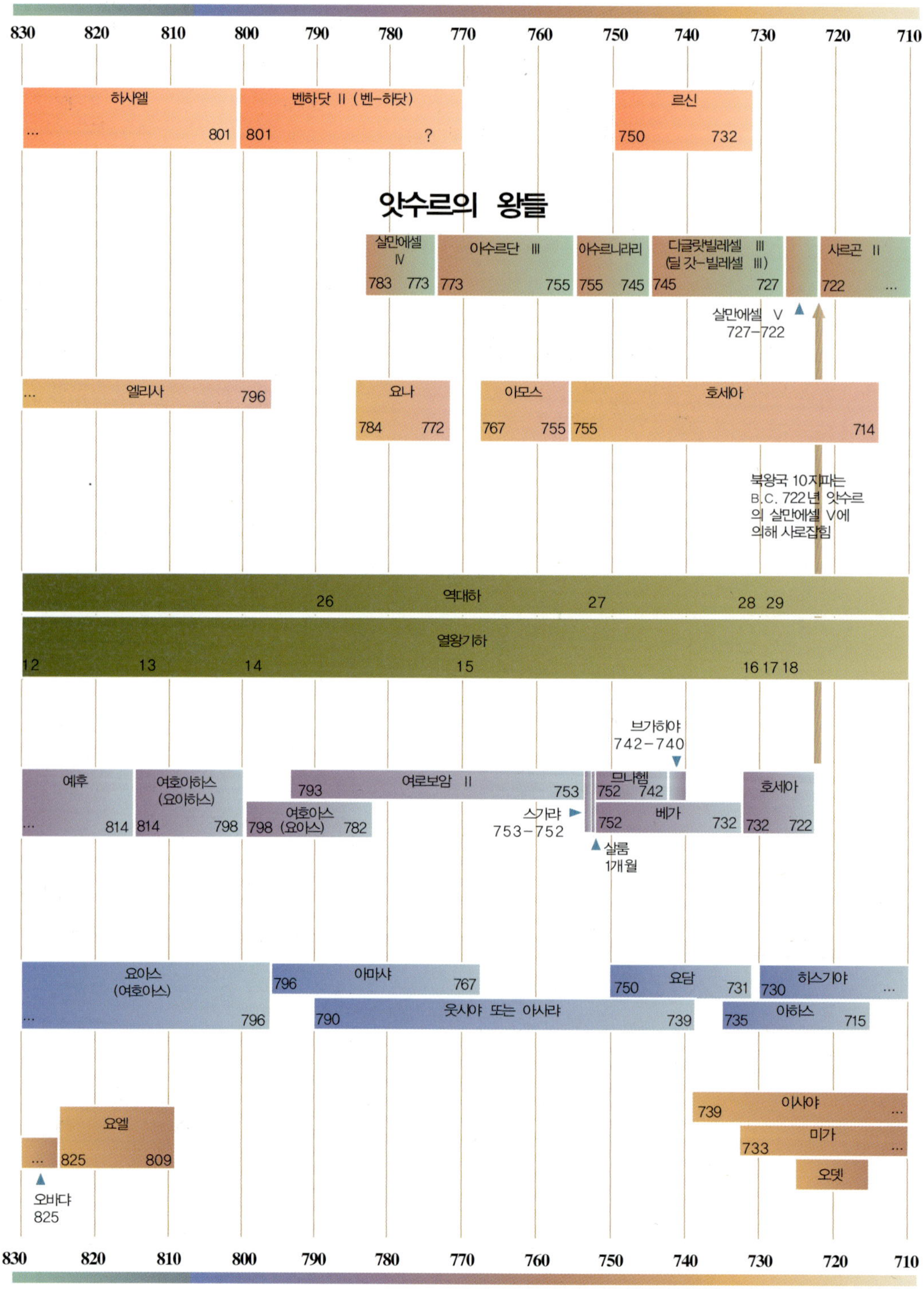

이스라엘의 역사 – 바벨론 유수

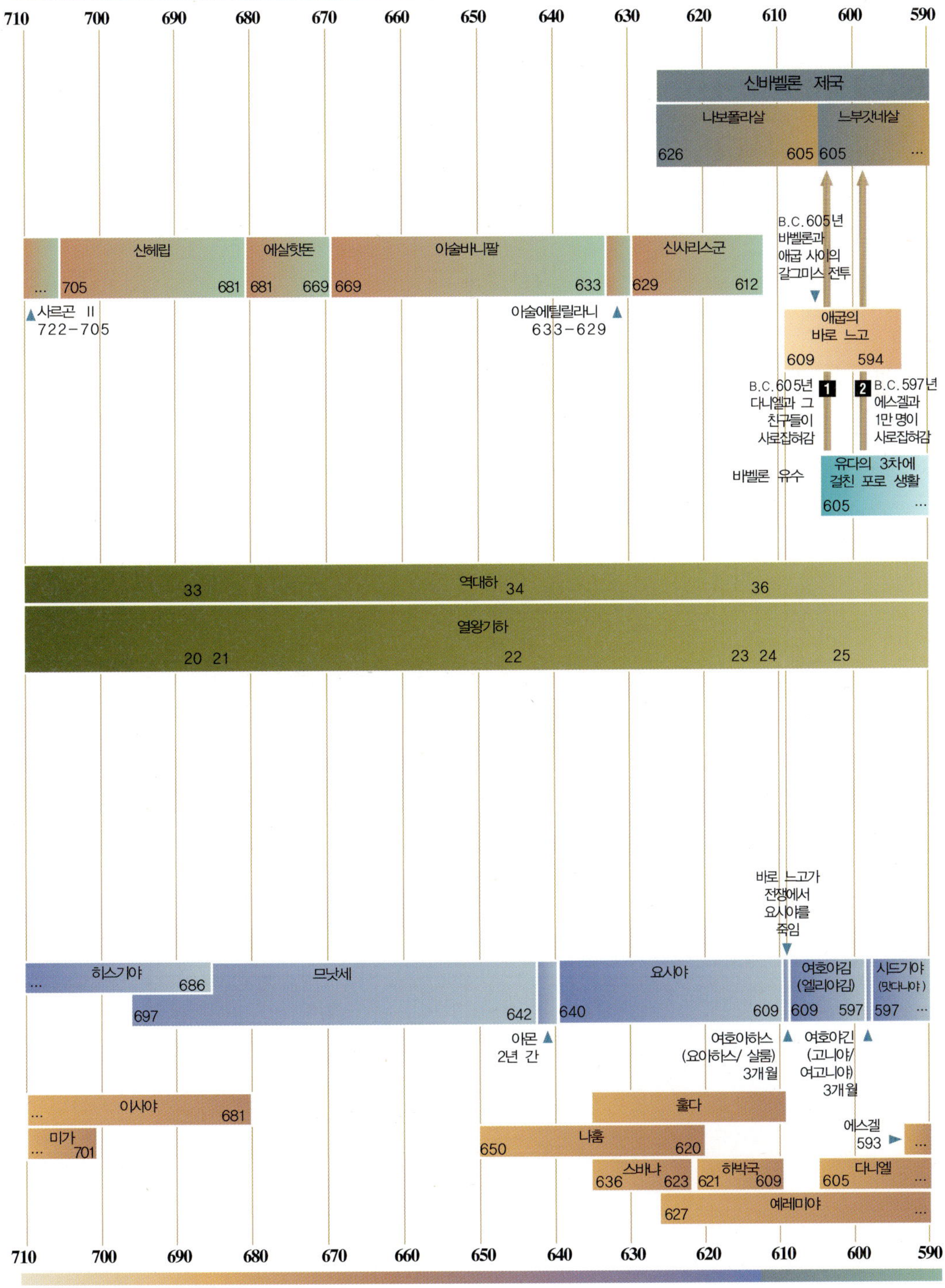

이스라엘의 역사 – 성전 재건

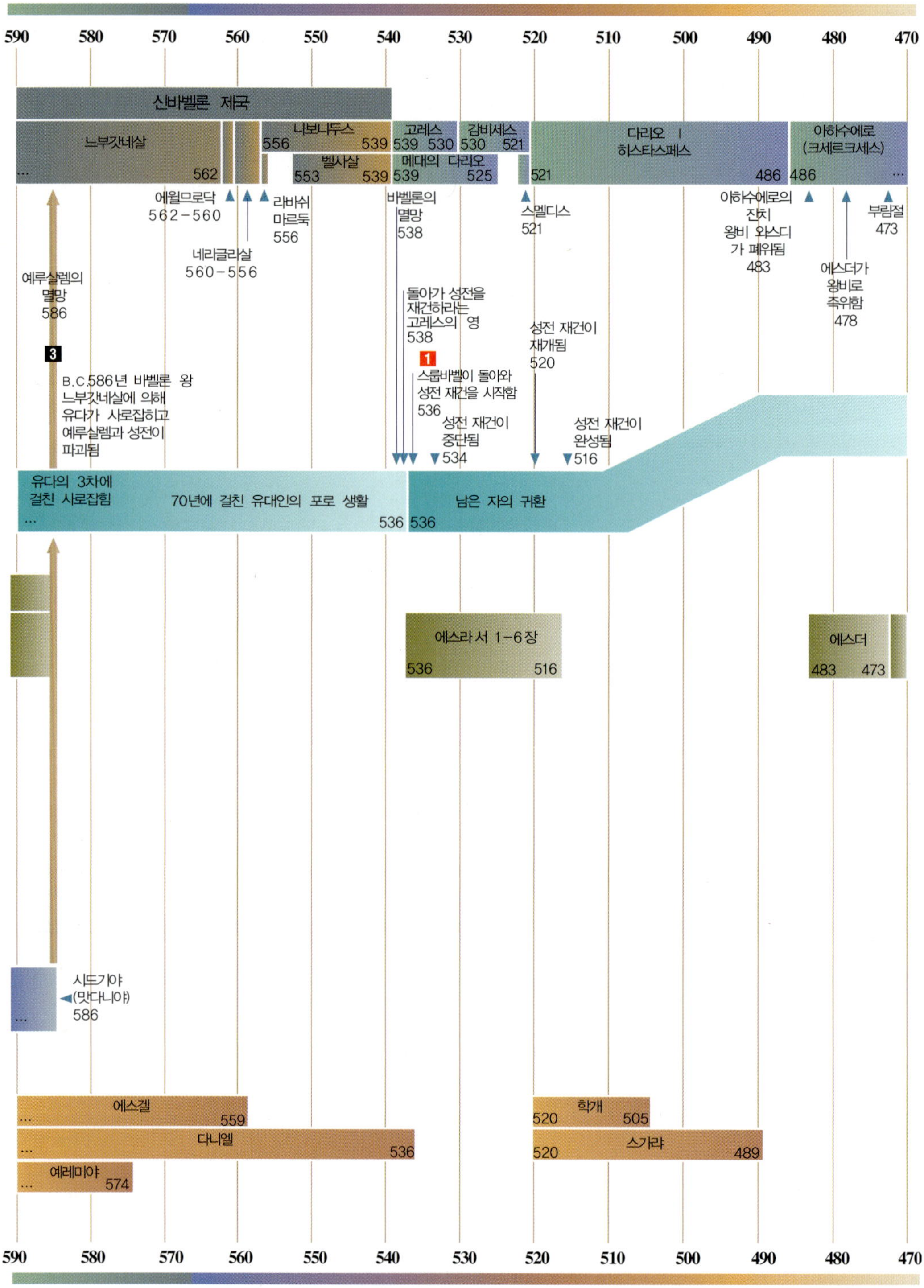

이스라엘의 역사 – 헬라와 로마시대

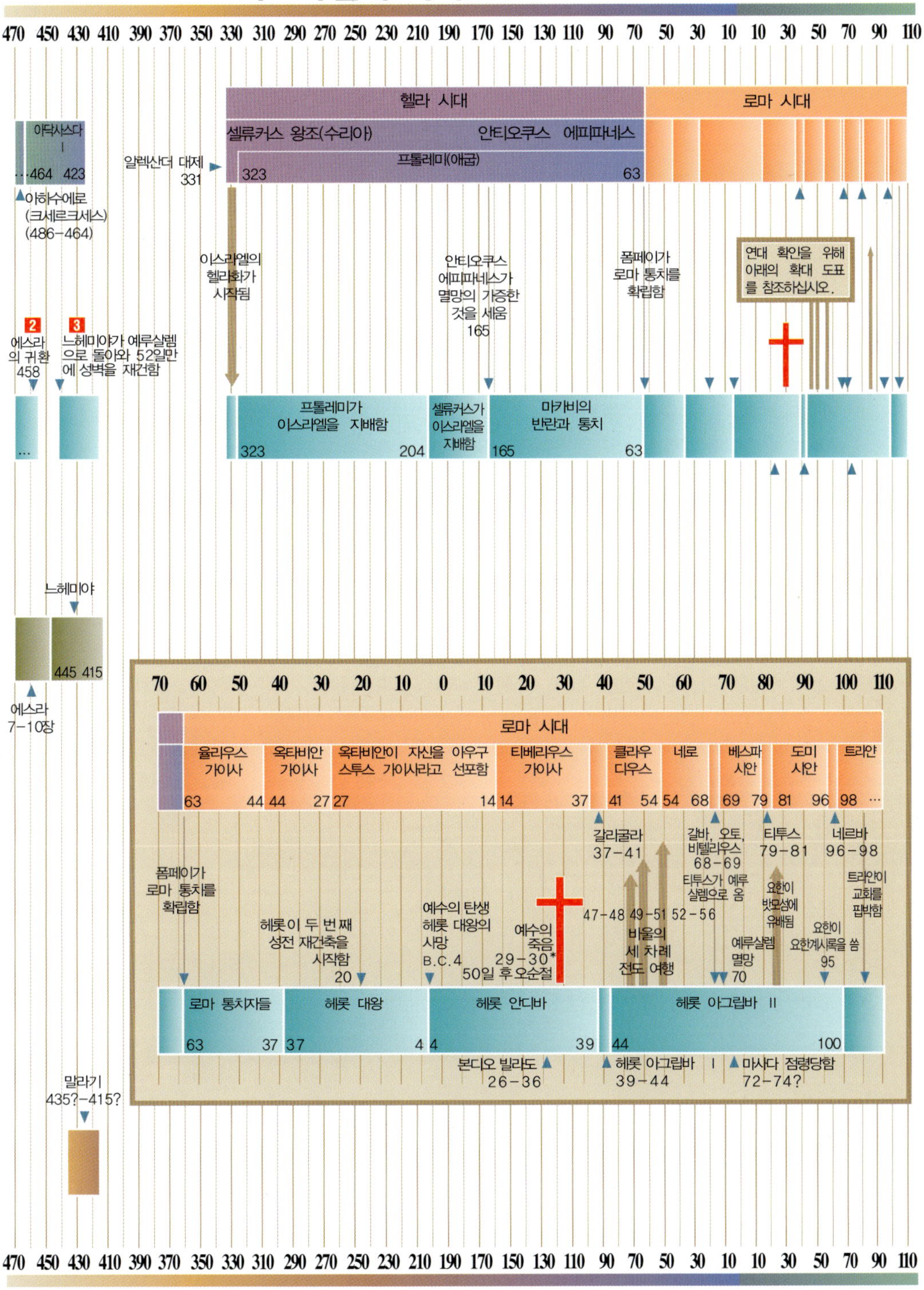

*어떤 학자들은 A.D. 33년이라고 한다.

이스라엘의 역사 – A.D. 110년부터 현대까지

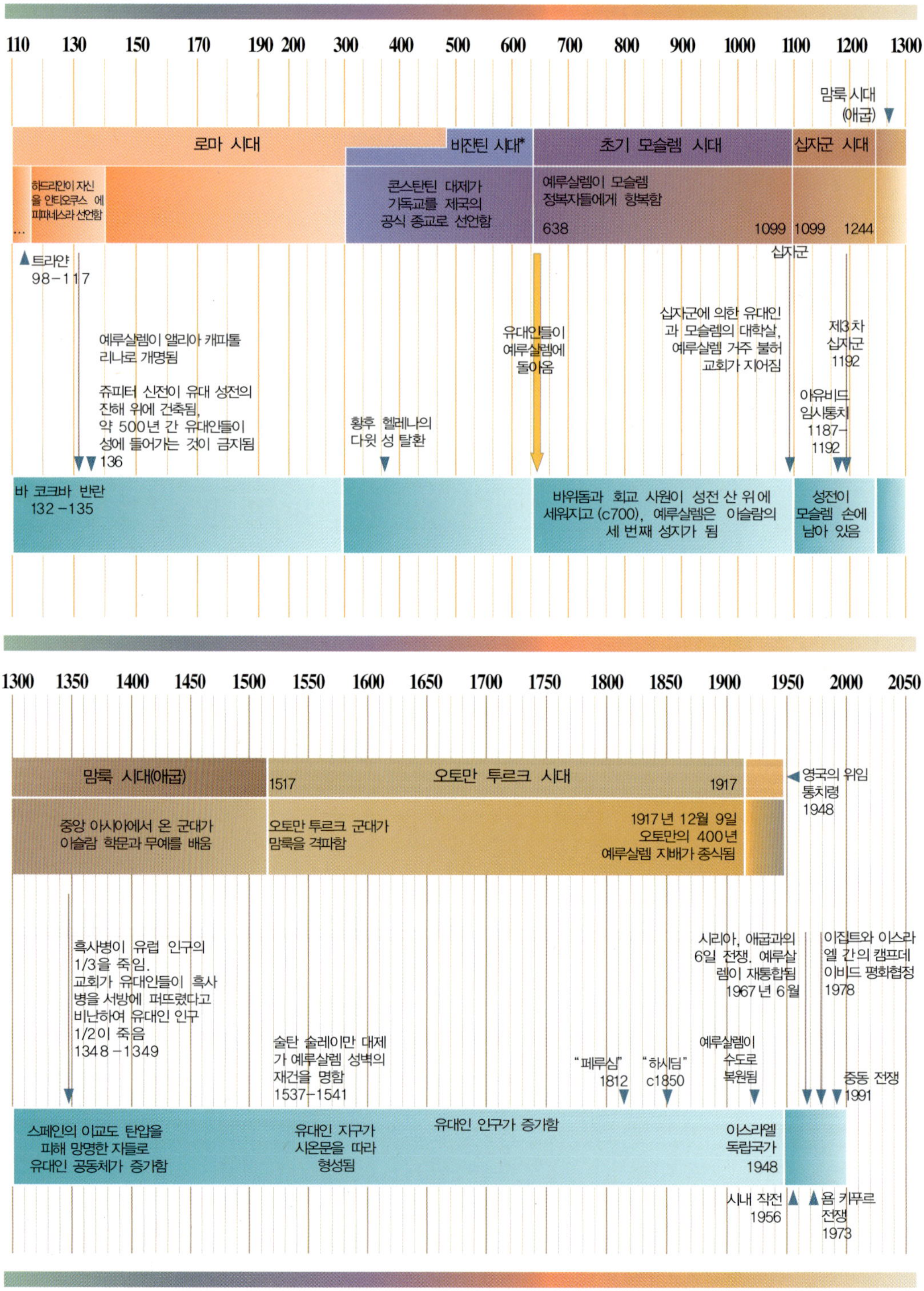

** 비잔틴 시대의 연대는 예루살렘의 역사 박물관인 **다윗의 망대**(The Tower of David)의 자료를 기초로 한 것이다.*

서문

본 교재는 신앙생활을 하는 성도들에게 있어서 가장 중요한 하나님의 말씀을 체계적으로 공부할 수 있도록 고안된 것으로 12주에 걸쳐 구약 전체를 살펴봄으로써 성경의 전체적인 맥을 잡을 수 있도록 하였습니다. 그러므로 개교회의 직분자 훈련이나 제자 양육 훈련 과정 등 여러 프로그램에 적합한 교재로 사용하실 수 있습니다.

프리셉트성경연구원은 성경 각 권을 연구하는 귀납적 말씀연구 전문기관으로 성경 66권에 대한 귀납적 방법의 책들을 개발하고 훈련시켜 왔습니다. 하나님의 말씀을 연구함에 있어서 각 권을 세밀하게 살펴보는 데에는 귀납적 방법만큼 좋은 방법이 없습니다. 그러나 성도들의 신앙생활을 위해서 성경 전체를 볼 수 있는 연역적 방법의 교재 또한 말씀을 배워가는 데 유익하다는 판단 하에 『프리셉트 구약 개관』을 발간하게 되었습니다.
프리셉트성경연구원은 계속해서 귀납적 성경연구 방법을 고수해 나갈 것이며, 이와 동시에 성도들의 유익을 위해서 연역적인 방법 또한 병행해 나갈 것입니다.

본 교재는 교회 성도들의 제자 양육과 말씀 공부를 위해서 지교회와 연구원이 협력하여 만들었습니다. 본 교재는 만나교회 김병삼 목사가 주축이 되어 개발하였으며, 프리셉트의 연구위원들이 세부 내용을 보완하여 완성한 것입니다. 본 교재는 '주교재'와 '인도자용'으로 구분되어 있으며, 인도자 훈련 및 교육은 프리셉트성경연구원에서 진행하고 있습니다.
먼저 예습을 하시고 각 과의 질문을 따라 교회에서 목사님과 함께 진행하시면 됩니다.

본 교재가 한국 교회를 돕고 성도들의 말씀 훈련을 통하여 영적인 혜안을 열어주게 되길 바랍니다.

프리셉트성경연구원
원장 김경섭 목사

제1과 개론 I

【성경의 구조】

"모든 성경은 하나님의 감동으로 된 것으로 교훈과 책망과 바르게 함과 의로 교육하기에 유익하니 이는 하나님의 사람으로 온전하게 하며 모든 선한 일을 행할 능력을 갖추게 하려 함이라"(딤후 3:16–17)

배워 봅시다

성경은 (　　)권으로 이루어진 약속의 책입니다.

성경은 '하나님의 책'이라는 뜻입니다. 성경은 본래 '언약'(Testament, Covenant)이라는 뜻을 가지고 있습니다. 그러므로 구약(Old Testament)은 '옛 약속'이란 뜻이고, 신약(New Testament)은 '새 약속'이란 뜻입니다.

구약 39권은 히브리어로 기록되어 있으며 창조부터 예수님 전까지의 이야기들이 이스라엘 역사를 중심으로 전개되어 있습니다.

신약 27권은 헬라어로 기록되어 있으며 예수님으로부터 시작하여 인류의 종말에 대한 이야기들이 기록되어 있습니다.

성경 66권은 하나님께서 잃어버린 백성을 되찾으시려는 구원의 이야기입니다.

구약 성경은 히브리 민족에 대하여 말하고 있습니다. 그들은 주전 2000년경 아브라함과 사라가 "내가 지시하는 땅으로 가라"는 하나님의 부르심을 들은 때부터 하나님의 백성이 되려고 항상 노력하였으며, 하나님의 뜻을 세상에 알리는 도구로 사용된 특별한 백성이었습니다. 하나님은 이 부름 받은 백성에게 말씀하셨고 또한 백성의 온갖 경험들을 통하여 말씀하셨습니다. 그리고 하나님은 후에 예수의 생애와 죽음과 부활을 통하여 하나님의 뜻을 완전히 계시하셨고, 교회라는 새 언약의 백성을 통하여 진리의 숨은 비밀을 계속 보여 주셨습니다.

성경은 창세기로부터 요한계시록까지 (　　)명의 선지자와 사도들에 의하여 (　　　　)여 년에 걸쳐서 기록되었습니다.

그러나 성경의 원 저자는 하나님 자신이십니다. 성경은 그 말씀이 하나님의 말씀이라고 직접 선언하고 있습니다. 성경에는 "하나님이 가라사대", "여호와께서 말씀하시되", "이는 나 여호와의 말이니라" 등의 말씀이 수없이 나옵니다.

성경을 기록한 선지자나 사도들은 자신들이 기록하고 있는 말씀이 자기 자신의 말이 아니라는 것을 확실히 알고 있었고, 두려움과 경외심을 가지고 이를 전파하고 기록했습니다. 만약 선지자나 사도들이 자신들의 말에 권위를 싣기 위해 하나님의 말씀인 양 꾸며서 말했다면, 저들은 신성을 모독한 종교 사기꾼들임에 틀림없습니다. 그렇다면 그렇게 도덕적으로 악한 사람들이 쓴 책이 어떻게 수천 년 동안 엄청난 감화력과 놀라운 능력을 가진 책으로 여전히 존재할 수 있었을까요? 사기꾼은 잠시 동안은 많은 사람을 속일 수 있어도 오랫동안 속일 수는 없습니다.

성경은 다양한 배경을 가진 사람들에 의해 1500년이란 시간 간격을 가지고 기록되었음에도 불구하고, 그 내용이 서로 다르거나 모순됨이 없이 통일되어 있습니다. 뿐만 아니라 66권의 내용이 창조에서 종말에 이르기까지 점진적으로 진행되어 완벽한 통일을 보이며 한 권의 책을 이루고 있습니다. 사람들의 사상은 시대에 따라 얼마나 크게 변화되어 왔습니까? 그런데 오랜 역사 속에서 여러 사람들을 통해 기록된 성경이 완벽한 통일과 조화를 이루고 있다는 사실은 참으로 놀랍습니다. 이러한 점에서 성경은 어떤 사람의 의도나 고안으로 이루어진 것이 아님을 확실히 나타내 주고 있습니다. 성경은 영원히 변함없으신 하나님의 뜻과 계시로 이루어졌습니다.

뿐만 아니라 성경은 사람을 변화시키는 놀라운 힘을 가지고 있습니다. 어느 정도의 감화를 주는 것이 아니라 근본적인 변화를 가져다줍니다. 사람들은 성경을 읽고 죄를 회개하여 새사람이 되고, 나아가서는 그 사상과 삶이 변화됩니다. 이러한 사실은 성경이 살아 계신 하나님의 말씀이라는 사실을 강하게 증거해 줍니다. 그리고 이 성경은 개인의 삶을 변화시킬 뿐만 아니라 사회와 역사를 변화시키며 인류에게 영원한 비전과 소망을 주는 책입니다.

캐논(Canon)

영어로는 경전을 '캐논'(Canon)이라 하는데 이 단어는 셈족어인 '갈대'라는 단어에서 유래되었다. 이 단어는 자로 사용할 수 있는 곧은 갈대를 의미하였다. 그 후로는 자로 사용할 수 있고, 표준으로 정할 수 있으며, 치수를 잴 수도 있는 갈대와 같이 곧은 것을 가리켜 캐논이라고 하였다. 특히 종교에서 사용하는 용어로는 신앙의 척도를 캐논이라고 불렀다.

성경을 이해할 수 있는 방법 가운데 하나는 (　　　　　　　　　　　　)으로 하는 구속사적 관점으로 보는 것입니다.[1]

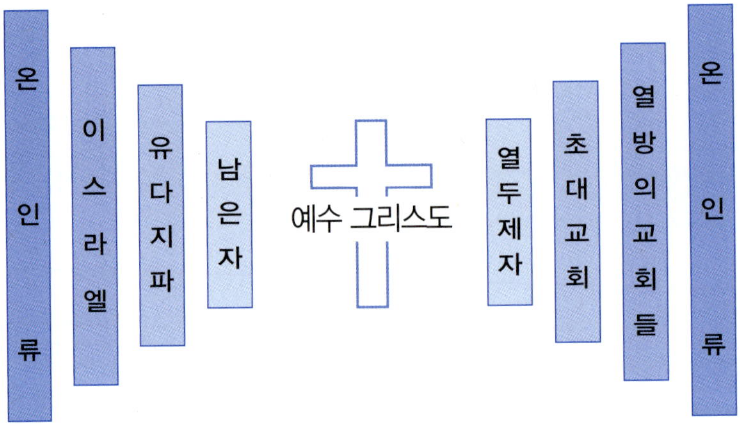

성경을 이해할 수 있는 또 하나의 방법은 성경을 그 특징별로 묶어 보는 것입니다.

구약

역사서(17)	시가서(5)	예언서(17)

처음의 17권은 역사적인 내용들이고, 그다음의 5권은 시적으로 표현된 지혜문학이며, 나머지 17권은 대선지서와 소선지서를 포함한 예언서입니다.

1) 두란노 편집부, 『성경탐구 40일』(서울: 두란노바이블칼리지), p.6.

신약

복음서(4)	역사서(1)	서신서(21)			예언서(1)
		바울서신(13)		일반서신(8)	
		(교회에게)	(개인에게)		

처음의 4권은 예수님에 대하여 기록한 복음서이고, 다음 1권은 사도들의 복음행적을 기록한 책이며, 나머지 22권은 교회와 개인에게 보낸 서신서들과 예언서입니다.

성경이 너무 복잡하다고 생각되시나요?

물론 그렇습니다. 수천 년에 걸쳐 하나님께서 말씀하신 모든 것이 단번에 이해된다면 더욱 이상한 일일 것입니다. 여기서 한 가지 짚고 넘어가야 할 일이 있습니다. 항간에는 성경을 완전히 해석한다는 사람들이 있습니다. 이들은 특히 신앙인들이 가장 궁금하게 생각하는 요한계시록을 마치 점쟁이가 미래를 예언하는 것처럼 해석하는 사람들입니다. 그러면 사람들은 그런 곳으로 모이기 시작합니다. 그러나 우리가 분명히 알아야 할 것은 성경은 '하나님의 말씀'이라는 사실입니다. 이러한 사실은 우리가 성경을 아무리 공부해도 완전하게 이해할 수는 없다는 말이기도 합니다. 만일 우리가 완벽하게 파악할 수 있는 것이라면 하나님의 말씀이라고 할 수 없을 것입니다. 성경에는 하나님께서 우리들에게 밝히 보이기를 원하시는 '계시된 말씀'과 아직은 드러나지 않은 '비밀한 말씀'이 있습니다. 계시된 말씀은 우리들이 열심히 공부하면서 깨달아 알 수 있지만, 비밀한 말씀은 하나님께서 성령을 통하여 알게 하셔야만 깨닫게 되는 것입니다.

그러므로 우리들이 성경 말씀을 대할 때에는 열심히 공부하는 근면한 자세와 더불어 성령의 임재하심과 깨닫게 하시는 은혜를 기다리는 겸손한 기도의 자세가 동시에 필요한 것입니다. 따라서 모든 성경을 해석할 수 있다는 교만한 말에 속지 마십시오. 그러나 어렵기 때문에 하나님의 말씀을 알려고 하지 않는 게으른 사람이 되어서도 안 됩니다.

성경 전체를 이해하기 위해서는 구약의 구조를 이해하는 것이 필요합니다.

인간의 상태로 보는 구약 성경

인간의 상태	연대기	역사서	시가서	예언서
1. 창조와 타락한 인간	창조시대(原歷史)	창세기		
2. 믿음과 순종	족장시대	창세기		
3. 부르심과 소명	출애굽과 광야시대	출애굽기 · 민수기		
4. 소유와 율법	정복시대	여호수아 · 레위기 신명기		
5. 왕이 없는 백성	사사시대	사사기 · 룻기		
6. 왕을 가진 백성	단일왕국시대	사무엘상 · 하 열왕기상 · 역대상		
7. 경고하시는 하나님	분열왕국시대	열왕기하 · 역대하		호세아 · 아모스 · 하박국 · 이사야 예레미야 · 예레미야애가 · 요엘 미가 · 스바냐 · 요나 · 나훔 오바댜
8. 하나님을 잃어버린 백성	포로시대			다니엘 · 에스겔
9. 회복시키시는 하나님	포로귀환시대	에스라 · 느헤미야 에스더		학개 · 스가랴 · 말라기
10. 여호와를 경외하는 자	지혜시대 ⟶	⟶	욥기 · 시편 잠언 · 전도서 아가	

이제 여러분이 12주 동안 공부하면서 성경을 보다 잘 이해할 수 있는 방법을 소개하려고 합니다.

하나님의 말씀을 가까이하고 생활화하기 위해서는 읽기, 듣기, 묵상, 암송을 생활화해야 합니다.

"모든 성경은 하나님의 감동으로 된 것으로 교훈과 책망과 바르게 함과 의로 교육하기에 유익하니 이는 하나님의 사람으로 온전하게 하며 모든 선한 일을 행할 능력을 갖추게 하려 함이라"(딤후 3:16–17).

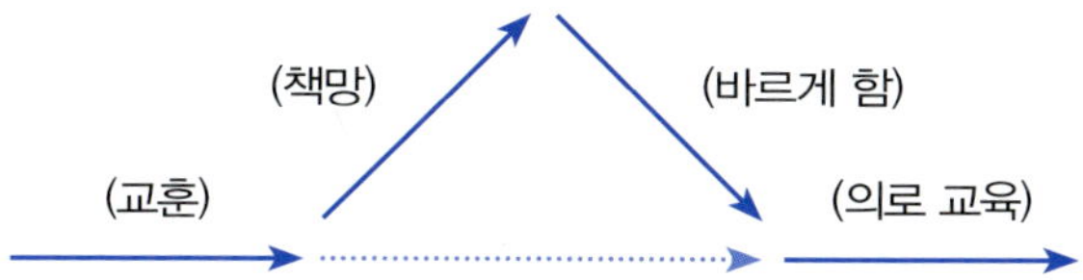

1. 말씀 듣기

1) 예수님께서는 하나님의 말씀에 대해 어떻게 하라고 하셨습니까?

누가복음 11:28
예수께서 이르시되 오히려 하나님의 말씀을 듣고 지키는 자가 복이 있느니라 하시니라

2) 말씀을 듣는 것이 왜 중요합니까?

로마서 10:17
그러므로 믿음은 들음에서 나며 들음은 그리스도의 말씀으로 말미암았느니라

3) 말씀을 들을 때 우리들의 자세는 어떠해야 합니까?

데살로니가전서 2:13
이러므로 우리가 하나님께 끊임없이 감사함은 너희가 우리에게 들은 바 하나님의 말씀을 받을 때에 사람의 말로 받지 아니하고 하나님의 말씀으로 받음이니 진실로 그러하도다 이 말씀이 또한 너희 믿는 자 가운데에서 역사하느니라

사도행전 17:11
베뢰아에 있는 사람들은 데살로니가에 있는 사람들보다 더 너그러워서 간절한 마음으로 말씀을 받고 이것이 그러한가 하여 날마다 성경을 상고하므로

4) 하나님의 말씀을 잘 들을 수 있는 방법들과 적용할 수 있는 방법들을 적어 보십시오.

예) 대중교통 또는 승용차로 이동할 때 유튜브 등으로 설교 듣기, 설교 노트 만들기, 주일예배 외 공예배에 참석하기 등.

설교 노트 만들기

매주마다 강단에서 전하는 하나님의 말씀을 더욱더 깊이 이해하고 실천하기 위해서 설교 노트를 만들어 기록해 보자. 기록하는 동안 예배와 말씀에 집중할 수 있으며 말씀 속의 은혜를 누릴 수 있을 것이다. 제목과 본문을 적고 그날 말씀을 요약 정리한 후 마지막 부분에 자신이 깨달은 점을 기록하면 된다.

2. 읽기(통독)와 연구

1) 성경은 어떤 사람이 복이 있다고 했습니까?

요한계시록 1:3
이 예언의 말씀을 읽는 자와 듣는 자와 그 가운데에 기록한 것을 지키는 자는 복이 있
나니 때가 가까움이라

2) 하나님의 말씀을 연구할 때에는 어떤 자세를 가져야 합니까?

잠언 2:4–5
4은을 구하는 것 같이 그것을 구하며 감추어진 보배를 찾는 것 같이 그것을 찾으면 5여
호와 경외하기를 깨달으며 하나님을 알게 되리니

3) 하나님의 말씀을 읽고 연구할 때 어떤 유익이 있게 됩니까?

에베소서 3:4
그것을 읽으면 내가 그리스도의 비밀을 깨달은 것을 너희가 알 수 있으리라

4) 당신은 지난 일 년 동안 주로 성경의 어느 부분을 언제 통독하고 연구하였습니까? 앞으로의 계획을 적어 보십시오.

더 자세한 말씀연구를 원하시는 분들은 프리셉트성경연구원에서 진행하는 책별 귀납적 성경연구 과정에 참석하시기를 권면합니다.

성경 읽기

성경을 하루에 3장, 주일에 5장씩 읽으면 일 년에 일독을 할 수 있다. 박희천 목사는 하루도 거르지 않고 매일 성경을 4시간씩 읽었다. 아이언 싸이드 박사는 14살이 되었을 때 자기 나이만큼 성경을 읽지 못한 것에 관심을 가졌다. 그리고 그는 21살 때 자기 나이만큼 성경을 읽게 되었고, 말년에는 자신의 나이보다 훨씬 더 많은 성경을 읽었다고 한다.

3. 묵상

1) 묵상은 어떻게 해야 합니까?

여호수아 1:8
이 율법책을 네 입에서 떠나지 말게 하며 주야로 그것을 묵상하여 그 안에 기록된 대로 다 지켜 행하라 그리하면 네 길이 평탄하게 될 것이며 네가 형통하리라

QT(경건의 시간)는 말씀을 가지고 하나님과 영적인 교제를 나누는 시간입니다. 하나님의 말씀을 읽고 그것을 늘 생각하며 그 말씀을 삶에 적용하는 것입니다. 다음과 같은 방법으로 말씀을 묵상할 수 있습니다.

① 하나님과 만날 시간과 장소를 정합니다.
  · 나의 묵상 시간과 장소는?
② 하나님께 기도로 나아갑니다.
③ 성경 본문이나 묵상집을 활용하여 일정한 본문을 읽습니다.
④ 본문 속에서 다음 사항을 살펴봅니다.
  · 하나님은 어떤 분이신가?
  · 피해야 할 죄는 무엇인가?
  · 내게 주시는 명령이나 교훈은 무엇인가?
⑤ 적용점이나 깨달은 바를 기록합니다.
⑥ 기도로 마칩니다.

묵상에 관한 더 깊은 공부를 원하시는 분은『경건에 이르는 연습』,『묵상 그 주체할 수 없는 기쁨』(이상 도서출판 프리셉트)을 활용하시기 바랍니다.

4. 암송

1) 하나님은 모세에게 무엇을 명하셨습니까?

출애굽기 17:14

여호와께서 모세에게 이르시되 이것을 책에 기록하여 기념하게 하고 여호수아의 귀에 외워 들리라 내가 아말렉을 없이하여 천하에서 기억도 못 하게 하리라

2) 암송이 중요한 이유는 무엇입니까?

시편 119:9–11

9청년이 무엇으로 그의 행실을 깨끗하게 하리이까 주의 말씀만 지킬 따름이니이다
10내가 전심으로 주를 찾았사오니 주의 계명에서 떠나지 말게 하소서 11내가 주께 범
죄하지 아니하려 하여 주의 말씀을 내 마음에 두었나이다

3) 예수님께서는 사탄의 시험을 어떻게 이기셨습니까?

마태복음 4:2–4

2사십 일을 밤낮으로 금식하신 후에 주리신지라 3시험하는 자가 예수께 나아와서 이
르되 네가 만일 하나님의 아들이어든 명하여 이 돌들로 떡덩이가 되게 하라 4예수께서
대답하여 이르시되 기록되었으되 사람이 떡으로만 살 것이 아니요 하나님의 입으로부
터 나오는 모든 말씀으로 살 것이라 하였느니라 하시니

※ 예수님께서 인용하신 4절 말씀은 신명기 8:3의 말씀입니다.

4) 하나님의 말씀은 영혼과 정신을 맑게 합니다. 그리고 어려움 가운데 힘을 줍니다. 암송을 체계적으로 할 수 있는 방법과 계획들을 적어 보십시오.

예) 네비게이토 출판사의 60구절 암송카드, QT에 나오는 암송구절, 신약 성경 각 권 암송 구절 등 활용.

암송의 유익

하나님의 말씀을 읽고 암송하는 훈련을 시키는 요한선교단의 박종면 목사는 젊은 시절 알코올 중독자였다. 그는 알코올에 찌들어 사고력이 마비되고 정상인처럼 생활할 수 없었다. 그러던 그가 하나님을 만나고 나서 말씀을 외우기 시작했다. 알코올 중독자의 머리에 처음 한 절의 말씀이 외워지기까지는 일주일이 걸렸다. 그러나 이후 그는 2,000절 이상을 암송하게 되었으며, 신약의 중요 책들은 통째로 암송하게 되었다. 알코올 중독자에게 주신 하나님의 놀라운 은혜와 하나님의 말씀을 읽고 암송함으로 얻은 놀라운 은혜를 전하기 위해, 그는 요한선교단을 만들어 전국 교회와 성도들을 향해 암송과 성경통독 3박 4일 훈련을 진행하였다. 그는 암송시범을 보이면서 알코올 중독자의 머리에 말씀을 암송케 하신 하나님을 늘 찬양하였다.

정리해 봅시다

1. 성경은 ( )여 년 동안 ( )여 명의 선지자와 사도들에 의해 기록되었습니다.

성경 ( )권은 구약 ( )권과 신약 ( )권으로 구성되어 있습니다.

구약은 역사서 ( )권, 시가서 ( )권, 예언서 ( )권으로 이루어져 있으며, 예언서는 대선지서와 소선지서로 구분됩니다.

신약은 복음서 ( )권, 역사서 ( )권, 서신서 ( )권, 예언서 ( )권으로 구성되어 있으며, 서신서는 ( )권의 바울서신과 ( )권의 일반서신이 있습니다.

2. 성경은 살아 계신 하나님의 말씀입니다. ( ) 안에 말씀을 채워 보십시오.

"모든 성경은 ( )으로 된 것으로 ( )과 ( )과 ( ) 과 ( )하기에 유익하니"(딤후 3:16).

3. 성경을 이해하는 방법에는 여러 가지가 있지만 여기에서는 예수님을 중심으로 다시 한번 확인해 보겠습니다.

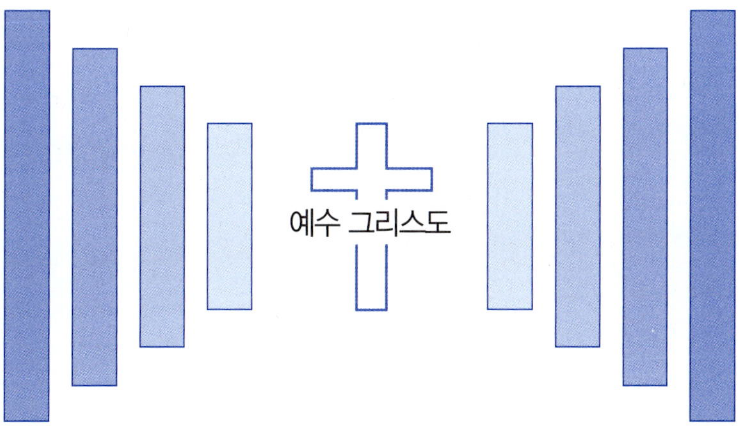

제 2 과 개론 Ⅱ

【 성경의 지리와 풍토 】

"강이 에덴에서 흘러 나와 동산을 적시고 거기서부터 갈라져 네 근원이 되었으니
첫째의 이름은 비손이라 금이 있는 하윌라 온 땅을 둘렀으며 그 땅의 금은 순금이요
그 곳에는 베델리엄과 호마노도 있으며 둘째 강의 이름은 기혼이라 구스 온 땅을 둘렀고
셋째 강의 이름은 힛데겔이라 앗수르 동쪽으로 흘렀으며 넷째 강은 유브라데더라"(창 2:10–14)

확인해 봅시다

우리가 성경을 이해하는 방법 중의 하나는 주제별과 연대기별로 보는 것입니다. 이 과정을 통과하지 못하면 여러분은 공부하는 내내 고생하게 될 것입니다. 힘들지만 기본적인 개념들을 확인하고 외워야 할 부분은 외우는 것이 좋습니다. 우리들이 초등학교를 다닐 때, 지겹게 외웠던 구구단이 얼마나 우리들의 삶에 도움을 줍니까? 한 번 고생이 평생의 신앙생활을 행복하게 만들어 줄 것입니다.

인간의 상태로 보는 구약 성경

인간의 상태	연대기	역사서	시가서	예언서
1. 창조와 타락한 인간	______	창세기		
2. 믿음과 순종	______	창세기		
3. 부르심과 소명	______	______, 민수기		
4. 소유와 율법	______	______, 레위기, ______		
5. 왕이 없는 백성	______	______, 룻기		
6. 왕을 가진 백성	______	______, ______, 열왕기상 · 역대상		
7. 경고하시는 하나님	______	______, 역대하		호세아 · 아모스 · 하박국 · 이사야 예레미야 · 예레미야애가 · 요엘 미가 · 스바냐 · 요나 · 나훔 오바댜
8. 하나님을 잃어버린 백성	______			다니엘 · 에스겔
9. 회복시키시는 하나님	______	______, ______, 에스더		학개 · 스가랴 · 말라기
10. 여호와를 경외하는 자	______	――――→	욥기 · 시편 잠언 · 전도서 아가	

배워 봅시다

우리 함께 성경의 세계를 그려 볼까요?

성경 역사는 아브라함이 갈대아 우르를 떠나 하란에 정착한(B.C. 2000년경) 이후부터 예루살렘 함락(A.D. 70년)까지 약 2000년의 기간 동안 지속됩니다. 지역적으로는 고대 문명이 일어난 애굽과 메소포타미아 중간에 끼어 있는 팔레스틴을 중심으로 하는 (   )입니다.

근동지방 지도*

"비옥한 초생달 지역"이란

'비옥한 초생달 지역'이란 고대 근동의 문명 발생지를 말한다. 메소포타미아부터 애굽까지의 농경 가능 지역과 사람들이 통행할 수 있는 지역을 연결했을 때 초생달 모양이 된다. 고대 성경의 역사는 바로 이 지역을 중심으로 일어나고 있다. 당시에는 가장 문명이 발달한 지역이었고, 가장 전쟁이 치열한 지역이었기에 이 중간 지역에 끼어 있던 이스라엘은 하나님을 의지하지 않고는 견딜 수가 없었다.

* 본서에 나오는 모든 지도는 『프리셉트성경』(서울: 도서출판 프리셉트, 1999)에서 발췌하였습니다.

가나안이라 불리는 이스라엘 백성이 생활했던 팔레스틴의 환경을 이해한다면 성경을 이해하기가 한결 쉽겠지요?

팔레스틴이라는 명칭:
블레셋인이 사는 땅(philistine)이라는 팔리스티아(philistia)에서 유래하였습니다.

육교로서의 팔레스틴:
애굽과 메소포타미아를 연결하는 길목으로 육교 구실을 하는 팔레스틴에는 일찍이 고속도로 격인 해변길이 개통되어 장사하는 사람들과 군대가 통과하였습니다. 그러므로 애굽과 메소포타미아는 늘 팔레스틴을 지배하려고 하였습니다(애굽 → 앗수르 → 바벨론 → 페르시아).

이것은 마치 우리나라가 일본, 중국, 러시아의 중간에 끼어 외세의 침략을 많이 받았던 것과 같은 이치입니다. 이와 같은 면에서 이스라엘과 우리나라는 지리적으로 많은 공통점을 가지고 있다고 볼 수 있습니다. 이러한 지리적 위치 때문에 이스라엘은 다윗, 솔로몬 시대를 제외하고는 강대국의 지배를 받게 되었습니다(B.C. 722년 ....은 ....에게, B.C. 586년 ....는 ....에게 멸망). 현재는 아시아와 아프리카, 유럽을 연결하는 결절점으로서의 중요한 요충지입니다.

이번에는 성경에 나타나는 도로를 따라 여행을 떠나 보겠습니다.

이스라엘은 원근(遠近)을 불문하고 타국과의 교통은 도로에 의존하고 있습니다. 도로는 주거지 확장, 정치적 통제에 있어 아주 중요한 요소입니다(여호수아가 가나안 정복 후 12지파에 땅을 분배한 다음 상호 연락을 위해 도로의 발달이 촉진되었으리라는 추측이 가능합니다). 도로는 샘과 우물을 따라서만 통행이 가능했으며 네 개의 큰길이 있습니다.

1) 해변 길: ....

....

성경에 나타난 도로

2) 왕의 대로: ....

....

....

3) 산지 길: ....

....

4) 계곡 길: ....

성경에 나타난 물길(水域)

성경의 지리를 이해하려면 강과 호수, 바다를 이해하는 것이 좋습니다. 왜냐하면 성경에 나오는 지역들이 물을 중심으로 나누어지기 때문입니다.

성경에 나타난 수역(水域)

1) **지중해:** '대해'라고 불리던 이 바다는 성지의 왼쪽에 위치한다.

2) **갈릴리 바다:** 이 지역을 바다라고 부르는 것은 많은 물을 '바다'로 부르는 히브리어의 한계 때문이다. 이 수역은 좁은 곳이 11km, 넓은 곳이 22km인 사람의 심장 모양의 담수호다. 이 호수는 네 가지 이름으로 불려 왔다.

· 긴네렛: ....

· 갈릴리: ....

· 게네사렛: ....

· 디베랴: ....

....

3) **요단강:** 헤르몬 산의 눈이 녹아서 시작된 이 작은 강은 요단계곡을 따라 100km를 흘러 사해로 들어간다. 이 요단강의 서편이 약속의 땅이다.

4) **사해:** 거대한 핫도그 모양의 이 바다는 지구상에서 가장 낮은 곳 가운데 하나이다. 해수면보다 399m나 낮은 곳에 위치해 있으므로 물이 들어오기만 하고 나가지 못한다. 다만 증발할 뿐이며 많은 중금속 광물질이 녹아 있어 생물이 살지 못한다. 그래서 '사해'라고 불리지만 성경에는 사해라고 나오지는 않는다. 구약 성경에서는 '염해'(창 14:3; 민 34:3, 12; 신 3:17; 수 3:16, 12:3, 15:2, 5, 18:19), '아라바 바다'(신 3:17, 4:49; 수 3:16, 12:3; 왕하 14:25), '동해'(겔 47:18; 욜 2:20; 슥 14:8) 혹은 '바다'(암 8:12; 미 7:12)로 불리고 있다. 신약 성경에는 나오지 않는다.

5) **나일강:** 애굽의 젖줄인 이 강은 쇠스랑 같은 모양으로 삼각주를 이루며 지중해로 흘러 들어간다. 이 강 자체가 애굽의 교만을 상징한다.

6) **티그리스강, 유프라테스강:** 이 두 강은 코브라의 혀처럼 갈라져 보이는데, 사실은 각각 다른 곳에서 발원하여 페르시아만 앞에서 합해져서 페르시아만으로 흘러 들어간다. 이 두 강의 사이에 있는 땅이 바로 '메소포타미아'이다.

7) **페르시아만:** 티그리스강, 유프라테스강이 흘러 들어가는 바다로 인도양과 연결되어 있다.

8) **홍해:** ....

....

....

왜 성경 속의 지리와 기후를 알아야 하는가?

흔히 성경을 공부하면서 저지르는 실수는 성경을 단순한 이야기의 형태로 이해하여 추상적으로만 본다는 데 있다. 이것은 성경 말씀이 이스라엘과 함께하신 하나님의 사역을 기록한 역사적 사실이란 점을 간과할 수 있는 중요한 오류라 할 수 있다. 이러한 오류를 벗어날 수 있는 가장 좋은 방법은 성경에 등장하는 지형과 지리를 숙지하고 기후와 관련된 그들의 삶을 살펴보는 것이다.

사십 년 동안 이스라엘 백성이 연단되었던 광야, 기후와 연관되어 있는 절기, 주변 국가들의 위치 등을 이해하고 성경을 읽는다면 전에는 느끼지 못했던 현실감과 생동감을 느낄 수 있을 것이다.

팔레스틴의 독특한 기후

팔레스틴은 습윤 기후(지중해성 기후)와 건조 기후(사막 기후)의 경계에 위치한 아열대성 기후의 특징을 가지고 있습니다. 겨울은 9월부터 4월까지로 우기를 형성하고 있으며, 여름은 6월부터 10월까지로 건기를 형성하고 있습니다.

1) **이슬:** 연 250일 정도로 이슬이 많이 내리는 지역은 비옥한 땅이다(이슬의 축복: 창 27:28; 잠 19:12; 민 11:9; 사 26:19).

2) **시로코:** 여름 전후 환절기에 아라비아 사막에서 불어오는 뜨겁고 메마른 강풍을 말한다(사 11:15; 렘 4:11, 22:22).

3) **연평균 기온:** 14도(갈릴리) – 26도(사해 남부)

4) **빈약한 수자원:** ....

팔레스틴의 지형

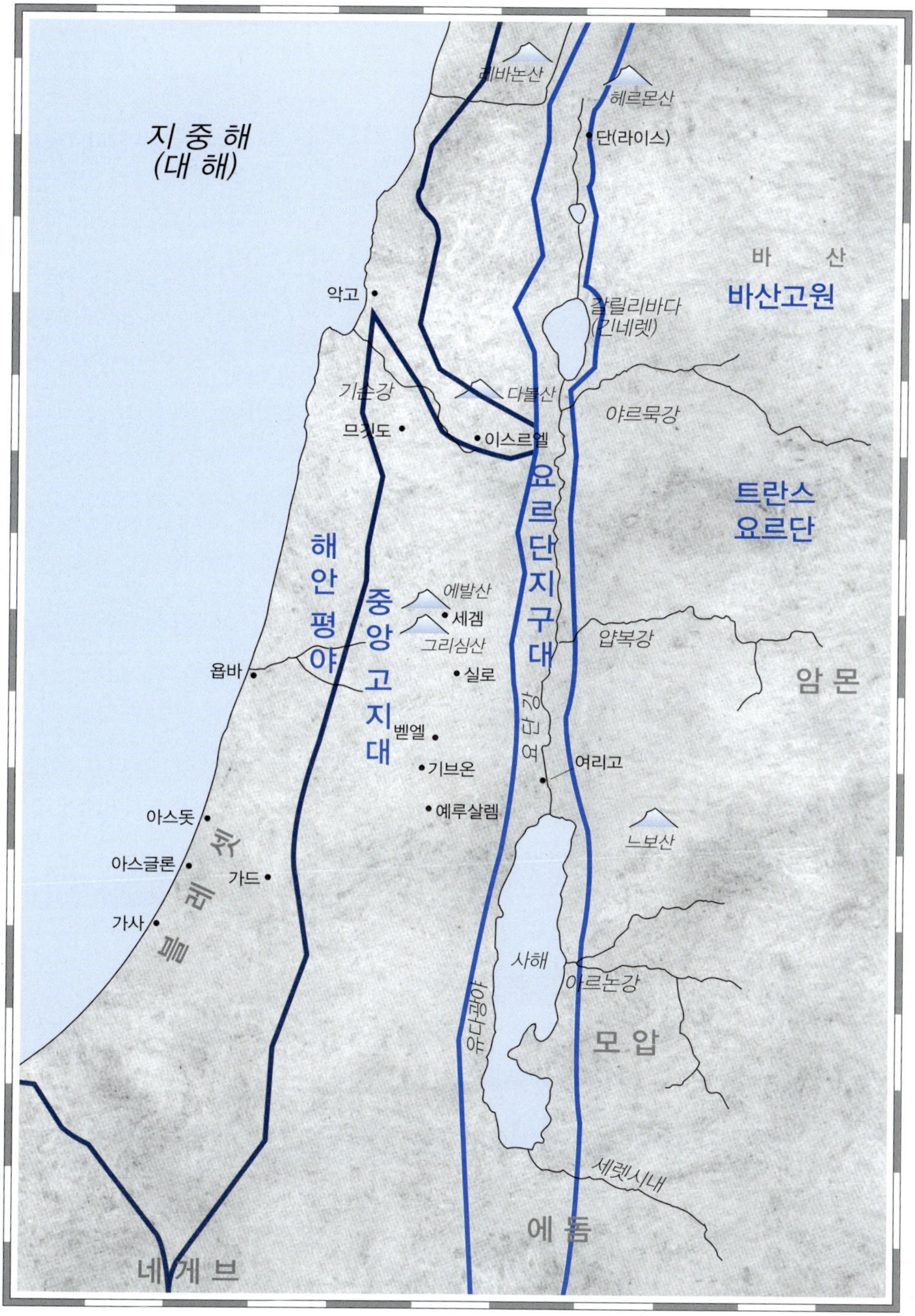

지 중 해
(대 해)
레바논산
헤르몬산
단(라이스)
바 산
바산고원
갈릴리바다
(긴네렛)
악고
기손강
다볼산
야르묵강
므깃도
이스르엘
트란스
요르단
해안평야
중앙고지대
요르단지구대
에발산
세겜
그리심산
얍복강
욥바
실로
암 몬
벧엘
요단강
여리고
기브온
예루살렘
아스돗
느보산
아스글론
가드
블레셋
가사
사해
아르논강
유다광야
모 압
세렛시내
에 돔
네 게 브

5) 천수에 의존한 경작:

팔레스틴의 독특한 농산물들

1) 포도나무:

2) 감람나무: 성경에서 언제나 가치 있는 나무로 묘사(신 6:11; 롬 11:17)된다. 나무는 '번영', 잎은 '평화'의 상징이다.

3) 종려나무:

4) 무화과나무:

성경 공부를 위해 이스라엘의 지형과 지명을 익히는 것이 왜 중요한지 이해가 되십니까? 힘들겠지만 열심히 익힌다면 분명히 보답이 있을 것입니다.

이스라엘을 네 가지 지형으로 분류하면

이스라엘의 지형을 네 가지로 분류할 경우 해안 평야, 중앙 고지대, 요르단 지구대, 트란스 요르단으로 나눌 수 있습니다.

1) 해안 평야:

2) 중앙 고지대: 요단강 서편의 산악과 고원으로 이루어진 지역이다. 이스라엘 족속

들이 주로 거주하던 지역으로서, 철기 문명을 먼저 시작한 해안지역의 블레셋 족속에게 지형을 이용한 게릴라전으로 맞설 수밖에 없었다.

3) 요르단 지구대: 갈릴리 호수와 사해를 잇는 요단강 주변의 지역이다.

4) 트란스 요르단: ....

....

성경에 등장하는 유명한 지형들을 익혀 두면, 성경을 읽을 때 도움이 됩니다.
어떤 사람이 우리들에게 설악산을 다녀온 이야기를 들려줍니다. 설악산을 다녀온 친구가 등반하는 동안에 있었던 일들을 들려주는 동안, 듣는 사람에게는 두 가지 반응이 나타날 수 있습니다. 설악산을 다녀온 사람이 그 이야기를 들을 때와 한 번도 가보지 못한 사람이 그 이야기를 들을 때에는 커다란 차이가 있게 마련입니다. 특히 지형의 모양이나 기후의 변화들을 잘 아는 산악인이라면 그의 여행 이야기는 생동감 있게 이해될 것입니다.

이처럼 성경에 대한 지형과 기후를 이해할 때도 동일한 현상이 나타납니다. 우리가 성경 본문을 공부할 때 지형과 기후 등 그 배경적인 상황을 충분히 숙지하고 있다면 말씀은 더욱더 생동감 있게 다가올 것입니다.

바로 이러한 이유에서 지형을 알아 두는 것이 성경을 이해하는 데 도움이 됩니다. 성경 말씀들이 더 구체적으로 우리들에게 들려질 것이기 때문입니다.

기타 주요 지형

1) 악고(현재 명칭 '악카')

예수님 당시에는 베니게의 지배를 받고 있었으며, 헬레니즘 프톨레미 왕조가 B.C. 4세기 '돌레마이'라 개칭하였다. 이곳은 바울의 3차 전도여행에 등장했다(행 21:7, 베니게→두로→돌레마이→가이사랴→예루살렘). 또한 갈릴리 지방의 입구에 위치해 있는 좋은 항구로 상업이 번성하였으며, 십자군 최후의 거점이 되기도 했다.

2) 중앙계곡(이스라엘 최대의 곡창)

· **이스르엘 계곡:** 동서를 잇는 유일한 자연적 횡단이며 교통, 전략상의 요지이다. 기드온은 여기서 7년 동안 이스라엘을 괴롭혔던 미디안에게 승전하였다(삿 6:33-7:23). 또한 사울 왕은 블레셋과 최후의 싸움을 벌이다가 이곳에서 전사하였다(삼상 31:1-7).

· **므깃도:** ....

3) 샤론 평야(아가서에서 아름다움을 샤론의 수선화로 표현, 목축지로 적합)

· **가이사랴:** 로마시대 이래로 팔레스틴의 제1항이며, 사도행전에 처음으로 등장한 곳으로 빌라도와 고넬료가 주재했던 곳이다.

4) 블레셋

함 족속 계열의 가슬루힘의 자손(창 10:14)으로, 주전 12-13세기 여호수아가 가나안을 정복할 무렵 대거 애굽으로 이동했다. 그러나 람세스 3세에 격퇴되어 할 수 없이 팔레스틴의 남해안(욥바 - 가사)에 정착하여, B.C. 332년 알렉산더에게 멸망, 역사에서 소멸하기까지 남해안을 지배한 해양민족이 되었다. 블레셋은 이스라엘을 40년간 지배(삿 13:1)했으나 이스라엘은 한 번도 블레셋을 지배해 보지 못했다(여호수아와 다윗도 실패).

· **아스돗:** 그들의 주신 '다곤'의 중앙 성소가 있는 곳이다(삼상 5:1-7).

· **아스글론:** '바알세붑'의 신당이 있는 곳이다(왕하 1:1-6).

· **가드:** 블레셋 평야와 세벨라 구릉지의 접경 지역으로, 골리앗이 가드 사람이었다.

· **가사:** 전략적 요충지(알렉산더, 로마, 이슬람, 십자군, 나폴레옹 등이 점령)이다.

· **욥바:** ………………………………………………

………………………………………………

………………………………………………

5) 세벨라 구릉지(세벨라는 '낮은 땅'이라는 뜻)

블레셋에 대한 최전방 방어선으로 양자간 유혈의 격전지였다. 삼손과 들릴라의 사건, 다윗과 골리앗, 하나님의 법궤를 빼앗긴 사건이 여기에서 일어났다.

6) 유다 고지(유다 지파 중심으로 유다 왕조의 중심)

· **기브온:** ………………………………………………

………………………………………………

· **헤브론:** 샘이 많은 비옥한 땅이다. 포도농사의 최적지로 12명의 정탐꾼들이 보았던 포도송이가 바로 이곳에 있었다(민 13:21–23). 막벨라굴이 있는 곳이며, 다윗이 이곳에서 왕위에 올라 7년 6개월 동안 유다 왕국을 다스렸다.

· **베들레헴:** 콘스탄틴이 이곳에 성탄교회를 세웠다. 현재 아랍인의 도시로 70%가 기독교이며 나머지는 이슬람교다.

· **베다니:** 예수님께서 나사로를 살리신 곳이며 이곳에서 새끼 나귀를 타고 예루살렘에(3km) 입성하셨다.

· **예루살렘:** 본래 여부스족의 성읍이었으나 후에 다윗이 점령하여 수도로 삼았다.

· **미스바:** ………………………………………………

7) 사마리아 산지(북이스라엘의 중심)

· **사마리아:** 본래는 에브라임 지역이라 총칭한다. B.C. 876–869년에 북이스라엘의 제6대 왕 오므리가 수도를 이곳으로 옮긴 후 사마리아라 호칭하였다. 오므리 왕의

아들 아합이 베니게 두로 왕의 딸 이세벨을 아내로 맞아 호사스러운 상아궁을 지었다(왕상 16장). 환락과 사치, 우상 숭배의 범죄 도시이기도 하다.

· **에발 산과 그리심 산:** 여호수아가 이스라엘 백성에게 축복과 저주를 선포한 산이다(수 8장).

· **세겜:** ....

....

· **실로:** 성막을 치고 법궤를 안치하고 제사를 드렸던 곳이며, 여호수아가 제비를 뽑아 땅을 나누어 주던 곳이다.

· **벧엘:** ....

....

....

8) 갈릴리 산지(지중해 연안과 요단 지구대 사이의 산악지대)

마태복음 4:15에서 '이방의 갈릴리'라 불리기도 했다. 이곳은 특수 방언을 사용하였으며 예루살렘과 멀리 떨어진 최북의 변경지역으로 갈릴리인들이 이방인과 접촉한 것은 위법이 되기도 했다. 지형적으로 북부와 남부는 높은 산악지역으로 교통이 불편하고, 산지가 없는 동부와 서부는 이방인과 쉽게 교류하였다. 열왕기하 15:29에 보면 B.C. 732년 앗수르와 디글랏 빌레셀이 갈릴리를 점령한 후 그 백성을 앗수르로 데려가고 다른 지방 사람들을 갈릴리로 데려왔다. 그 후 6세기 동안 이 지역은 바벨론, 페르시아, 헬라, 애굽, 수리아에 정복당하여 혼혈화 되었다.

· **갈릴리:** 긴네렛(민 34:11; 수 13:27), 긴네롯 바다(수 12:3), 디베랴 바다(요 6:1), 갈릴리 호수(막 7:31), 게네사렛 호수(눅 5:1)로 불린다. 남북의 길이 21km, 평균 폭 12km, 수면 높이가 해수면 이하 210m인 이 호수는 헤르몬 산에서 흘러 내려오는 물로 염분을 포함하고 있으며, 40종 이상의 고기가 있다.

· **벳새다:** ....

· **막달라:** 디베랴 북쪽의 도시로 당시 갈릴리 4대 성읍 중 하나이며, 막달라 마리아의 출신지이다.

· **가버나움:** 예수님이 주로 사역을 하던 갈릴리 북부의 어업도시이다.

· **가나:** ....

....

· **디베랴:** 갈릴리 서안의 도시 중 하나로 헤롯 안티바가 A.D. 25년경 그의 영지인 갈릴리와 베뢰아 지방의 수도로 쓰기 위해 건설하였다. 성경에는 요한복음 6:23에 한 번 등장한다.

9) 요르단 지구대(단에서 아카바만까지 500km, 세계 최대의 지구대)

· **단 성읍:** 단 지파가 북상하여 이를 점령하고 조상의 이름을 따 '단'이라 불렀다. 이스라엘 최북단의 도시이다.

· **여리고:** ....

....

....

....

....

· **사해:** 요르단 지구대의 중앙에 위치하였다. 일반 해수의 염분은 4.5%지만 사해는 31.5%이다.

· **유다 광야:** 유다 산지와 사해 사이에 있다. 서쪽의 산지가 높아 지중해 습기를 막으므로 비가 오지 않았다. 석회암 동굴이 많고 고대 문서들이 보관되어 있던 곳이다.

· **마사다 요새:** 제1차 유다 전쟁(B.C. 66–73년)의 비극적 무대로 960명이 집단으로 자살하였다.

10) 트란스 요르단(서쪽은 급경사로 요단강 계곡, 동쪽은 완만하게 아라비아 사막으로, 봄 · 가을에 사막으로부터 시로코 바람이 불어온다.)

· **바산 고원:** 동쪽에는 높고 험준한 하우란 산맥이 시로코를 막아 주고, 서쪽 하부 갈릴리는 낮은 지역으로 습한 지중해의 바람이 불어 농경의 적지로 밀 생산과 목축(시 22:12; 암 4:1)을 하였다.

· **길르앗:** 요단 맞은편의 이스라엘 땅이란 뜻이다. 야르묵강과 모압고원 사이에 위치하여 물이 풍부한 곳이다.

· **암몬:** 약소국으로 모압과 이스라엘에게 시달렸다. 수도는 '랍바'(다윗이 우리야의 아내를 취하기 위해 그를 전쟁에 내보내 모살케 한 곳)이다.

· **모압 고원:** ....

....

....

모압과 이스라엘의 관계 – 모압의 조상은 롯의 큰딸이 낳은 아들이었다(창 19:37). 하나님께서는 그들이 거한 땅을 롯에게 주셨기 때문에 출애굽 당시 "모압과 싸우지 말라"(신 2:9)고 말씀하셨다. 다윗의 증조모인 룻 역시 모압 여인이었다.

사사시대에는 모압 왕 에글론이 암몬 사람 아멜렉과 연합하여 여리고를 탈취하고 18년간 이스라엘을 압박하였으나 사사 에훗이 구원하였다. 군주정치 시대에는 사울이 모압, 에돔, 암몬과 싸워 이겼으며, 다윗이 피난 다닐 때 모압 왕이 보호해 준 일도 있었다. 다윗은 왕이 된 후 모압을 속국으로 삼았으며, 솔로몬의 후계자 르호보암은 모압 여인 나아마의 소생이었다.

왕국이 분열된 후에 모압은 북이스라엘에 조공을 바쳤으며, 아합이 죽자 메사 왕은 이스라엘과 싸워 독립을 쟁취하였다.

에돔과 이스라엘의 관계 – 에서가 원주민 호리 족을 추방하고 에돔 족의 조상이 되었다. 출애굽 당시 이스라엘 백성이 에돔 영지 내의 왕의 대로로 통과하려 했으나 에돔 왕이 거부하였고, 하나님께서 싸우지 말고 다른 길로 갈 것을 명령하셨다. 이스라엘과는 적대관계(느부갓네살이 예수살렘을 파괴할 때 에돔이 기뻐함. 시 137:7)에 있었으며, 유다 백성이 포로로 잡혀간 후 에돔 사람들이 유다 남부로 침입해서 '이두메인'이 되었다.

정리해 봅시다

1. 팔레스틴의 중요한 길 4개를 적어 봅시다.

1) ....

2) ....

3) ....

4) ....

2. 팔레스틴의 중요한 지형들의 특징을 적어 봅시다.

1) 악고: ....

....

2) 중앙계곡: ....

....

3) 샤론 평야:

4) 블레셋:

5) 세벨라 구릉지:

6) 유다 고지:

7) 사마리아 산지:

8) 갈릴리 산지:

9) 요르단 지구대:

10) 트란스 요르단:

3. 이스라엘의 환경과 지리를 아는 것은 우리에게 어떤 도움을 줍니까?

제 3 과 창조시대

【 창조와 타락한 인간 】

"여호와께서 사람의 죄악이 세상에 가득함과 그의 마음으로 생각하는 모든 계획이 항상 악할 뿐임을 보시고
땅 위에 사람 지으셨음을 한탄하사 마음에 근심하시고 이르시되
내가 창조한 사람을 내가 지면에서 쓸어버리되 사람으로부터 가축과 기는 것과 공중의 새까지 그리하리니
이는 내가 그것들을 지었음을 한탄함이니라 하시니라"(창 6:5–7)

확인해 봅시다

지난 과에서 배운 지리와 풍토를 기억해 보면서 이스라엘의 주요한 지역들을 표시해 보십시오.

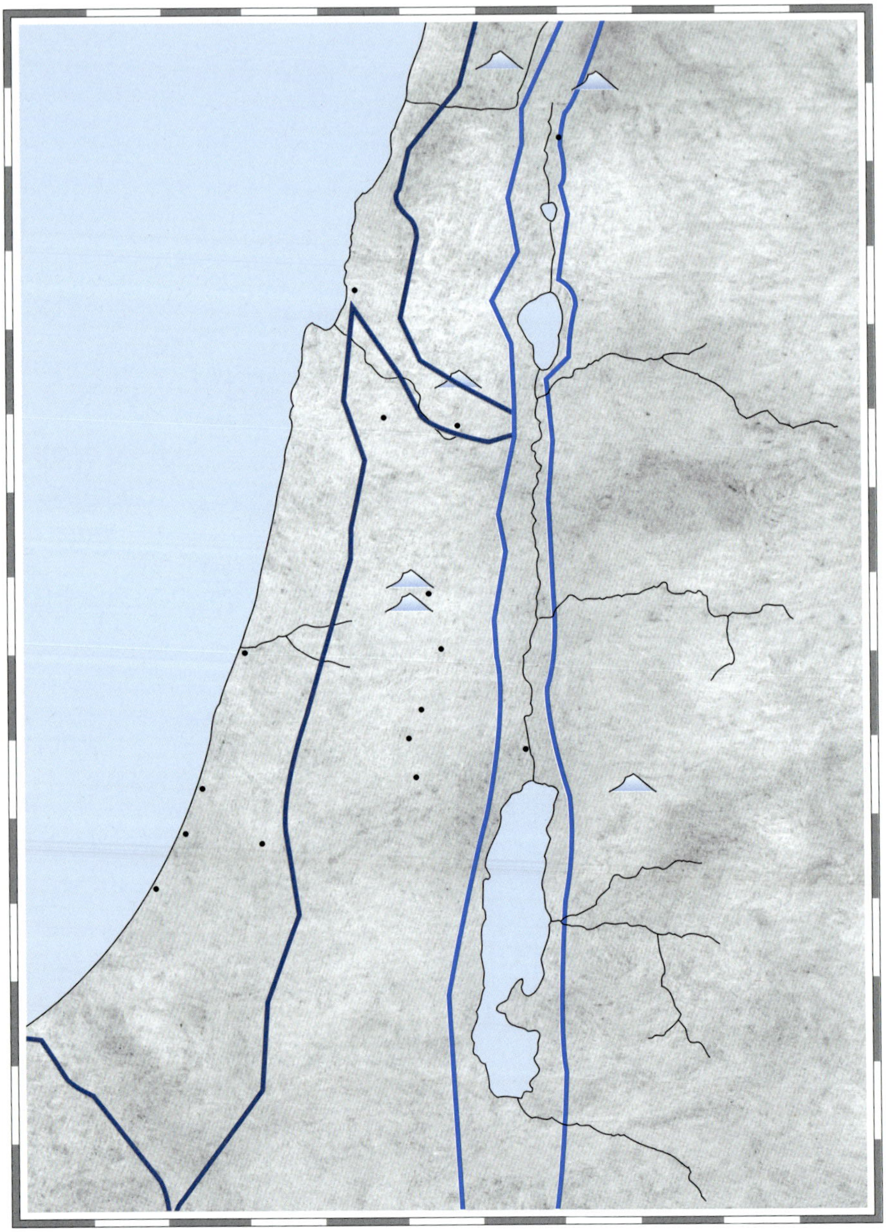

구약에 나타난 '인간의 상태' 열 가지

(다음의 설명을 읽고 해당하는 시대를 보기에서 골라 봅시다.)

···› 보기:

창조시대

지혜시대

포로시대

포로귀환시대

출애굽과 광야시대

분열왕국시대

사사시대

족장시대

정복시대

단일왕국시대

1. 창조와 타락한 인간 – (   )

창조로부터 아브라함 이전까지의 시대로 원 역사(pre-history)라 불린다. 이 시대는 역사적인 관심보다는 인류의 기원과 죄의 근원을 밝히고 있으며, 하나님께서 이스라엘을 택하게 되신 이유를 설명하고 있다(창조로부터 기원전 2000년까지의 시기).

2. 믿음과 순종 – (   )

소위 믿음의 조상이라 불리는 아브라함을 시작으로 4대에 걸친 믿음과 순종에 대한 이야기가 펼쳐진다. 이들은 믿음을 가지고 하나님의 명령에 순종할 때 어떤 축복이 임하는지를 보여 준 사람들이다.

3. 부르심과 소명 – (   )

족장시대 이후 이주한 이스라엘의 조상들은 400년간 애굽에서 종노릇하였으며, 하나님은 고통 당하는 이들의 부르짖음을 들으시고 구원하셨다. 모세는 하나님의 부르심을 따라 소명자가 되었고, 이스라엘 백성은 예배하는 공동체로 훈련을 받게 되었다.

4. 소유와 율법 – (   )

하나님께서 약속한 가나안 땅을 소유하는 과정으로 각 지파별로는 기업을 형성하고, 그곳에서 하나님과의 관계를 형성하게 된다.

5. 왕이 없는 백성 – (   )

주변의 민족이 군주들에 의해 통치를 받고 있을 때, 이스라엘의 하나님은 사사를 통해 직접 통치하신다. 왕이 없던 이 시기에 이스라엘의 역사는 다음과 같이 반복된다.
이스라엘의 타락 – 하나님의 심판 – 이스라엘의 부르짖음 – 하나님의 구원

6. 왕을 가진 백성 – (   )

하나님이 세우신 왕은 이스라엘 백성의 보호자인 동시에 괴롭게 하는 자들이었으며, 왕을 가진 이스라엘은 영토나 국력에 있어서 전성기를 이루게 된다.

7. 경고하시는 하나님 – (   )

북이스라엘과 남유다로 갈라진 이스라엘은 점점 하나님을 멀리하게 되고, 하나님을 떠난 이들이 범죄하게 되자 하나님은 선지자들을 통하여 경고하신다. 정치적인 분열뿐만 아니라 신앙적으로도 하나님과의 관계가 멀어진 시기이다.

8. 하나님을 잃어버린 백성 – (   )

하나님의 경고를 무시하고 범죄한 이스라엘은 결국 하나님의 심판과 징벌을 경험하게 되었으며, 바벨론에 포로로 잡혀가 하나님을 생각하게 된다.

9. 회복시키시는 하나님 – (   )

하나님의 구원 사역은 이방의 왕 고레스를 통하여 시작된다. 3차에 걸쳐서 귀환한 백성은 예루살렘을 재건한다.

10. 여호와를 경외하는 자 – (   )

이스라엘은 축복과 지혜의 근원이 어디에 있는지를 경험하게 된다. 그것은 세상을 창조하신 하나님을 알고, 경외하며, 예배하는 것이다. 하나님을 의지할 때, 하나님은 그분의 방법대로 역사하신다.

배워 봅시다

창조와 타락한 인간 – 창조시대

"믿음으로 모든 세계가 하나님의 말씀으로 지어진 줄을 우리가 아나니 보이는 것은 나타난 것으로 말미암아 된 것이 아니니라"(히 11:3).

창조시대는 크게 네 가지 주요한 사건으로 나누어질 수 있습니다.

1. 하나님께서 세상을 (   )하셨습니다(창 1–2장).

우리가 읽은 창세기의 증언에 따르면 하나님은 말씀으로 우주를 창조하셨습니다. 하나님은 말씀으로 혼돈 가운데 질서를 만드셔서 이 세상을 창조하셨습니다. 우리는 대자연의 장엄함과 우리 인체의 신비 등을 통해 하나님의 창조의 신비를 체험할 수 있습니다. 성경에는 하나님께서 세상을 창조하심에 대한 찬양이 곳곳에 배어 있습니다.

· 하나님의 (   )은 (   )를 초월한다.
· 인간의 생각과 하나님의 생각에는 큰 차이가 있다.
· 우리의 능력과 하나님의 능력은 비교될 수 없다.
· 인간의 가치관과 하나님의 가치관은 별개의 세계이다.
· 무엇보다도 창조주는 그의 창조물을 아끼고 사랑하신다.

성경은 과학책이 아닙니다. 성경은 하나님의 존재, 창조의 과정을 증명하려고 하지 않습니다. 성경은 하나님의 창조의 능력을 고백적으로 찬양하고 있는 신앙고백입니다. 그러므로 과학적인 지식을 통하여 성경을 이해하려는 태도는 바람직하지 않습니다. 계속 길이가 변하는 자를 가지고 물건을 잴 수 있겠습니까? 과학은 끊임없이 변화하는 틀입니다. 반면 성경은 이러한 지식 위에 있는 하나님의 말씀입니다.

하나님께서 천지를 창조하신 순서와 하신 일을 살펴봅시다.

· 첫째 날:
· 둘째 날:
· 셋째 날:
· 넷째 날:
· 다섯째 날:
· 여섯째 날:
· 일곱째 날:

하나님께서는 가장 나중에 인간을 창조하셨습니다. 하지만 더 놀라운 고백은 그 인간을 하나님의 형상대로 창조하셨다는 사실입니다(창 1:26–27).

'하나님의 형상으로' 창조되었다는 말이 무엇을 의미한다고 생각하십니까?

만일 진화론이 사실이라면…

1) 아메바에서 고등동물로 진화했다면 아메바의 생명은 어떻게 생겼을까?
2) 돌연변이는 99.9%가 열등 돌연변이로 나타난다는 것이 생물학계의 결론이다. 그렇다면 우등 진화는 어떻게 일어난 것인가?
3) 무인격의 물질에서 어떻게 인격적 존재로 비약적 발전을 할 수 있는가?
4) 원숭이에서 인간으로 진화했다면 80%는 인간이고 20%는 원숭이, 또는 80%는 원숭이면서 20%는 인간인 진화의 중간 단계를 보여 주는 생물들이 어떻게 존재하지 않는가?
5) 진화론이 사실이라면 우연히 물질에서 진화된 나는 어떤 의미가 있는가?

---

2. 불순종한 인간은 ( )하였습니다(창 3–4장).

"선악을 알게 하는 나무의 열매는 먹지 말라"(창 2:17). 이 말씀은 하나님께서 최초의 사람에게 주신 처음이자 유일한 금지명령이었습니다. 하나님의 형상을 입고 창조된 인간에게 하나님께서는 모든 것을 허락하셨고, 자유의지로 이 땅의 모든 것을 다스리며 살도록 하셨습니다. 그러나 뱀으로 가장한 사탄의 "하나님과 같이 되라"(창 3:5)는 유혹에 인간은 그 명령을 어기고 말았습니다. 불순종이 가져온 파장은 일파만파 퍼졌습니다. 인간은 하나님의 형상을 입을 수 없게 되었고 인간과 자연은 하나님의 창조 목적에서 벗어나게 되었습니다. 이러한 모든 관계의 변화는 곧바로 타락으로 이어졌습니다. 그리고 인간은 시기, 질투, 분노와 급기야는 살인이라는 타락의 나락으로 빠졌습니다. 결국 인간의 불순종은 모든 관계의 파괴와 타락을 낳았습니다.

3. 죄의 관영함을 보시고 홍수로 (   )하셨습니다(창 6–10장).

인간의 죄악이 얼마나 커졌던지 하나님은 인간을 지으신 것을 후회하는 지경에까지 이르게 되었습니다(창 6:5–6). 이제 하나님은 홍수를 통해 인간을 심판하시게 됩니다. 즉 모든 세상을 물로 쓸어버리시겠다는 것은 창조의 역행, 즉 창조를 포기하시는 것처럼 보여집니다. 그러나 여기에서 우리는 하나님의 속성을 분명하게 발견합니다. 그것은 '공의'와 '자비'입니다. 다시 말하면, 하나님은 인간의 죄에 대하여 묵과하시는 분이 아니라는 것입니다. 죄는 분명하게 심판 받게 되어 있습니다. 그러나 하나님의 목적은 심판이 아니라 구원입니다. 노아의 방주는 죄 지은 인간들에게는 구원의 가능성을 제시하는 것이었으며, 심판 후에는 무지개 언약을 통하여 구원의 의지를 분명하게 보여 주고 계십니다.

노아의 대홍수 추정 유품, 흑해서 발견

인류가 성경에 기록된 수천 년 전 노아의 대홍수와 유사한 대홍수를 겪었음을 시사해 주는 유사 이전의 가공품들이 흑해 바닥에서 발견됐다고 12일 고고학자들이 주장했다. 해저탐험가 로버트 밸러드 씨는 인류 거주의 흔적이 터키 연안에서 19km 떨어진 수심 900m의 바닷속에서 발견됐다고 말했다. 그는 "이것은 의심할 여지없이 굉장한 발견이며 매우 중요한 가치를 지닌 것으로 보고 있다"고 설명했다.

'흑해 프로젝트'로 명명된 이번 발굴의 수석 고고학자인 미국 펜실베이니아대학의 프레드릭 히버트 씨는 "이번 발견은 대홍수 이전 흑해 연안에 사람들이 살았었다는 최초의 구체적 증거"라고 말했다.

발굴팀은 판자와 들보, 나뭇가지와 조각 등이 벌레나 연체동물 등에 의해 손상되지 않은 채 보존돼 있어 산소가 희박한 흑해의 심연이 인류가 원시적인 형태의 항해를 하기 시작했을 당시 난파된 선박 등의 모습을 그대로 보존하게 했다는 것을 강력히 암시한다고 주장했다.

밸러드 씨는 "나무는 우리의 상상외로 얕은 곳에 존재하고 있으며 조금만 깊이 들어가면 확실히 눈에 들어온다"고 말했다. 그는 또 "이러한 것들은 분명히 사람 손으로 만들어진 것"이라면서 "이는 7000년 전 터키에서 만들어진 석기시대 구조물일 것"이라고 덧붙였다.

발굴팀은 해저의 근지점을 조사하기 위해 측방 감시용 수중 음파탐지기와 원거리 조종 잠수정을 이용했다. 수심 약 900m 지점에서 잠수정은 세로 11.7m, 가로 3.9m의 직각 형태로 잘 다듬어진 모양의 헛간을 발견했다. 발굴팀은 이와 함께 오래된 나뭇가지와 통나무 조각, 잘 닦인 돌 뭉치와 잡동사니 무더기 등과 함께 사람이 거주한 흔적을 암시하는 다른 도구들도 발견했다.

흑해에 대한 관심은 콜롬비아대학의 고고학자인 윌리엄 라이언 씨와 월터 피트먼 씨가 지난 97년 공동으로 펴낸『노아의 홍수』라는 책에서 7000년 전 유럽의 빙하가 녹으면서 조그마한 호수로 흘러들어 흑해를 만들었다고 주장한 뒤 본격적으로 높아졌다.

밸러드 씨는 지난해 흑해 연안에서 수 km 떨어진 곳에서 고대 해안선으로 여겨지는 곳을 발견, 현재 물에 잠긴 지역에 과거에 사람들이 살았다는 중요한 증거를 제시했다. 그는 고대 해안선에서 두 종류의 조개껍데기를 발견했는데, 한 종류는 현재 멸종한 민물조개이며 다른 한 개체는 바닷물조개로 밝혀졌다. 바닷물조개는 지금으로부터 6500년 전, 민물조개는 7000년 전부터 각각 생존했다.

밸러드 씨는 "이에 따라 우리는 7000년 전 민물에서 바닷물로 갑작스럽고 거대한 변화가 있었다는 것을 짐작할 수 있다"면서 "홍수의 영향으로 어마어마한 땅이 물속에 잠긴 것을 알 수 있다"고 주장했다. 그는 "우리는 그 땅이 물에 잠긴 것을 알 수 있으며, 살았던 사람들이 누구였는지 얼마나 큰 거주지를 가지고 있었는지 모르지만 이것을 알기 위해 연구를 계속할 것이다"라고 말했다.

/워싱턴=AP연합〈국민일보 2000. 9. 14.〉

4. 하나님을 대적하는 바벨탑과 인간들을 흩으셨습니다(창 11장).

만연된 죄로 인해 홍수의 재앙을 당했고 그 기억이 무지개 속에 담겨 있었지만 시간이 지나면서 인간은 다시 범죄하고 교만해지기 시작했습니다. 선악과 이후에 다시 하나님과 같아지려고 바벨탑을 쌓기 시작한 것입니다.

인간의 창조 목적은 하나님의 영광을 위해서입니다. 이 목적에 부합하지 않는 교만과 허영을 하나님께서는 용납하지 않으십니다. 하나님께서는 바벨탑을 중심으로 자신들의 영광과 능력을 보이려 했던 인간을 '언어의 혼잡'이라는 방법으로 흩어버리십니다.

바벨탑은 스스로 높아지려고 하는 인간의 욕망을 보여 줍니다. 사도 바울은 **"이는 그들이 하나님의 진리를 거짓 것으로 바꾸어 피조물(즉 자기 자신들)을 조물주보다 더 경배하고 섬김이라 주는 곧 영원히 찬송할 이시로다"**(롬 1:25)라고 말하였습니다.

바벨탑은 흔히 지구랏처럼 그려지고 있습니다. 지구랏은 피라미드처럼 층층으로 쌓아 올린 성전탑을 말합니다. 바벨론 사람들과 앗수르 사람들이 지구랏을 쌓아 올렸습니다.

바벨탑 예상 모형도

5. 한눈에 본 창세기

성경 전체를 도표로 정리하는 습관을 들이면 성경 말씀을 더욱더 잘 이해하게 될 것입니다. 다음은 창세기를 도표화한 것입니다.[2)]

초점	네 가지 사건 (창세기 1:1–11:9)				네 명의 사람 (창세기 11:10–50:26)			
구성	창조 1:1–2:25	타락 3:1–5:32	홍수 6:1–9:29	나라들 10:1–11:9	아브라함 11:10–25:18	이삭 25:19–26:35	야곱 27:1–36:43	요셉 37:1–50:26
주제	인류의 시작				히브리 민족의 시작			
	역사적				전기적			
장소	비옥한 초생달 지역 (에덴 – 하란)				가나안 (하란 – 가나안)		애굽 (가나안 – 애굽)	
연대	대략 기원전 2000년 이상 (B.C. 4004–2090년)				193년 (B.C. 2090–1897년)		93년 (B.C. 1897–1804년)	

2) 브루스 윌킨슨 · 케네스 보아, 『한눈에 보는 성경』(서울: 도서출판 디모데), p.30.

정리해 봅시다

1. 여러분은 어느 때, 하나님께서 창조하신 세상의 신비를 경험합니까?

2. 여러분은 어느 때, 인간들 혹은 자신들이 가지고 있는 죄성을 경험합니까?

3. 여러분은 어느 때, 하나님의 공의와 심판을 동시에 경험합니까?

4. 다음 주의 공부를 위해서 이번 한 주간 '족장들의 이야기'(창 12–50장)를 읽어 오시기 바랍니다.

제 4 과 족장시대

【 믿음과 순종 】

"여호와께서 아브람에게 이르시되 너는 너의 고향과 친척과 아버지의 집을 떠나
내가 네게 보여 줄 땅으로 가라 내가 너로 큰 민족을 이루고 네게 복을 주어
네 이름을 창대하게 하리니 너는 복이 될지라"(창 12:1–2)

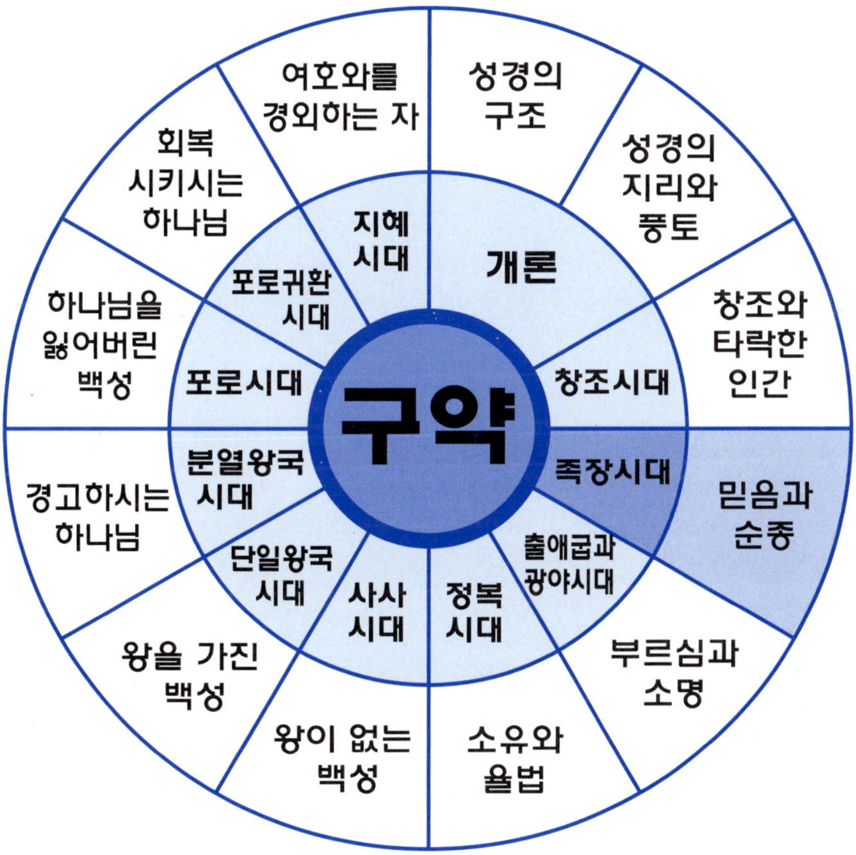

확인해 봅시다

창조시대의 주요한 네 가지 사건

1. 하나님께서 ……………………
2. 불순종한 인간은 ……………………
3. 죄의 관영(貫盈)함을 보시고 ……………………
4. 하나님을 대적하는 ……………………

배워 봅시다

드디어 우리는 성경의 역사 속으로 들어오게 되었습니다. 잠깐 우리의 기억을 더듬어 본다면, 족장시대 이전을 원 역사(pre-history)라고 부르던 것을 기억할 수 있을 것입니다. 사실 창세기는 우리 인간들의 근원을 알려 주고 창조주이신 하나님의 위대함을 우리들에게 보여 줍니다.
반면에 족장들과 함께 시작하는 이스라엘의 역사는 인간의 삶 속에 개입하시고 함께 하시는 구체적인 하나님을 우리들에게 소개하고 있습니다.

족장시대 개괄(概括)

성경에서 이 부분은 주요한 네 인물을 중심으로 한 (　　　　　)로, 하나님의 약속을 믿고 고난을 이겨 낸 믿음의 사람들을 중심으로 펼쳐집니다.

1. 아브라함: ……………………
2. 이삭: ……………………
3. 야곱: ……………………
4. 요셉: ……………………

……………………

언약이란?

'언약'이라는 단어는 성경 전체에 흐르고 있는 중요한 주제이다. 언약은 우리가 흔히 사용하는 계약이 아니다. 계약은 두 사람 사이 혹은 집단 사이의 합의 사항이다. 그러나 언약은 하나님과 그의 백성 사이에서 이루어지는 관계를 말하는 것으로 하나님이 그 언약관계를 주도하시고 규정하신다. 백성은 다른 조건이나 계획을 제시할 수 없고, 단지 받아들이느냐 거절하느냐의 선택권만이 있다. 하나님의 축복은 인간의 신뢰와 순종에서 온다.

'언약'이란 국가 사이에서의 우호적인 조약, 동맹, 개인 사이에서의 맹세 혹은 합의, 군주와 신하 사이의 의무 관계로 맺어진 헌장, 하나님과 사람 사이에서의 표적과 희생 제물, 그리고 언약을 지키면 축복을 받고 어기면 저주를 받게 되는 관계를 확고히 하는 엄숙한 서약이 따르는 것을 말한다. '언약'이란 단어는 성경에서 약 296번 사용되었다. 구약에서는 언약이라는 단어가 '베리트'(בְּרִית)라고 발음되는데 그것은 '서약', '계약', '쪼개놓은 짐승의 조각 사이를 통과함으로써 만들어진 맹약, 동맹, 연맹'을 의미한다.

1. 아브라함 – 하나님의 (   )과 아브라함의 (   )(창 12–23장)

하나님께서는 당신의 역사를 시작하시기 위해서 누군가를 택해야 할 필요성을 느끼게 되었습니다. 그래서 당시 75세였던 아브라함을 택하셨고, 그의 삶의 근거였던 땅을 떠나라고 말씀하셨습니다.
그러면서 하나님은 아브라함에게 세 가지 언약을 주셨습니다.

첫째, ...

둘째, ...

셋째, ...

아브라함은 하나님의 이러한 약속을 믿고 하란을 떠났지만 당장 눈앞에 보이는 것은 아무것도 없었습니다. 민족을 이룬다는 약속을 받았지만 75세가 되었어도 아들 하나 없었고, 주신다는 땅을 가보았지만 심한 기근으로 결국 애굽으로 내려가야만 했습니다. 자신으로 인해 다른 사람들이 복을 받는다는 것은 생각지도 못했습니다. 그러나 아브라함은 실현 가능성이 보이지 않는 약속을 믿었고 하나님의 뜻에 합당한 삶을 살고자 노력했습니다. 결국 하나님께서는 언약의 시초가 되는 이삭을 주셨고, 약속을 이루어가게 되십니다.

아브라함의 가나안 이동 경로

잠깐만!

만일 우리 중에 누가 “왜 하나님이 아브라함을 선택하셨나요?”라고 의문을 제기한다면 참 건방진 사람일 것이다. 선택의 주권은 분명히 하나님께 있다. 하나님께서 누구를 선택하시든지 이 부분에 대해서 우리들은 문제를 제기할 자격이 없다.

우리에게 주어진 과제는 현재 하나님께서 우리를 부르고 계신 것에 대하여 응답하고 순종하느냐, 하지 않느냐의 문제이다.

하나님은 아브라함을 선택하셨을 뿐만 아니라, 그의 순종이 진심인지 알고 싶으셨습니다. 그래서 하나님은 아브라함을 시험하셨습니다. 하나님께서 약속으로 주셨던 100세가 되어서 얻은 아들을 제물로 바치라고 하신 것입니다(실제 당시 가나안 풍습에는 첫아들을 드리는 '인신 제물' 의식이 있었습니다).

이러한 하나님의 요구는 인간적인 관점에서 아브라함에게 약속하셨던 "큰 민족을 이루리라"는 말씀이 포기되어지는 헌신적인 요구였습니다. 인간에게 있어서 '민족'이란 아들을 통해서 계승되는 것입니다. 이제 아브라함은 인간적인 방법이 아닌 하나님께 전적인 신뢰를 보여 드리게 됩니다. 이러한 모습은 그의 장래와 삶의 의미를 하나님께 전적으로 맡겼다는 것을 의미합니다.

하나님은 이미 모리아 산 위에 숫양을 제물로 준비하고 계셨습니다. 아브라함이 이삭을 제물로 잡아 죽이려는 순간 하나님은 그의 행위를 중단시키셨습니다. "이제 됐다." 아브라함은 이제 하나님이 인정할 만한 사람이 된 것입니다.

이제 여러분들에게 묻고 싶습니다.

◎ 여러분은 장래와 삶의 의미를 하나님께 전적으로 헌신하기 위하여 무엇을 할 수 있습니까? 무엇으로 하나님께 대한 전적인 신뢰를 표현할 수 있습니까?

"시험"(test)과 "시험"(temptation)의 차이

아브라함이 당했던 시험을 영어로는 'test'라고 할 수 있다. 이것은 학생들이 학교에서 시험을 보거나, 진학을 위해 치러야 하는 과정과 같은 것이다. 가만히 생각해 보면, 이러한 시험은 준비된 이에게는 유익하고, 준비가 덜 된 이에게는 부담이 된다. 또한 이 시험을 통과한 사람에게는 영광이 기다리고 있으며, 통과하지 못한 사람에게는 수치심이 기다릴 뿐이다.

성경에는 또 다른 시험이 나온다. 그것은 예수님이 당하셨던 시험으로 영어로는 'temptation'이라고 한다. 이것은 시험하는 자의 의도 자체에 '불순'이라는 의미가 내포되어 있다. 왜냐하면 시험을 통해 넘어뜨리려는 의도가 있기 때문이다. 사탄은 예수님께서 40일 금식을 마치고 공생애를 시작하시려는 순간 예수님을 '시험'하였다. 이 시험은 예수님의 사역을 방해하려는 불순한 의도로 행해진 시험이었다. 그래서 이 시험은 쉽고, 달콤한 모습으로 위장되었다. 배고픈 예수님께 '떡'이라는 모습으로, 온 세상의 영광을 차지할 수 있다는 '환상'으로 나타났기 때문이다.

우리가 인생을 살아가다 보면 이 두 가지 시험을 모두 경험하게 된다. 그러므로 우리들은 현재 당하는 시험이 어떤 종류에 속하는 시험인지를 지혜롭게 분별해야 한다. 그리고 이것이 나를 'test'하는 것이라면 감사함으로 받고 이겨야 할 것이다. 그러나 나를 유혹하는 'temptation'이라면 하나님의 말씀과 믿음으로 물리쳐야 할 것이다.

2. 이삭 – 순종으로 이어진 언약의 계보(창 24–26장)

만약 이삭이 메소포타미아로 돌아갔거나 가나안 여인과 결혼했다면 하나님께서 아브라함에게 하신 모든 약속은 허사로 돌아갔을 것입니다. 이삭의 결혼은 언약의 계승을 위하여 필요한 것이었습니다. 결혼을 통해서 이삭은 하나님의 손이 역사하셨음을 보았습니다. 그 후 이삭은 그의 아버지의 신앙과 전통을 이어 갔습니다. 이삭은 아버지 때에 팠던 우물을 다시 파고(창 26:18), 또 자신의 우물인 '맹세의 우물'을 팜으로써 하나님의 부르심에 충실함을 보여 주었습니다(창 26:25, 32–33). 그리고 쌍둥이 두 아들을 낳고 차남인 야곱에게 장자의 축복을 주었습니다(창 27:18–29).

이삭은 평생을 조용히 살아간 인물입니다. 족장시대의 네 인물 가운데 이삭처럼 무난하면서도 조용한 삶을 살다간 사람은 없습니다. 그러나 이삭은 어린 시절 인신 제물의 사건에서 볼 수 있듯이 철저히 하나님과 아버지의 언약을 믿고 순종한 사람이었습니다. 또한 그는 하나님의 언약을 순종으로 이어간 사람이었습니다.

잠깐만!

이삭은 믿음의 조상 아브라함과 열국의 어미 사라 사이에서 하나님의 약속을 따라 출생한 아들이다. 이삭(Isaac)이라는 이름의 뜻은 '웃음'이며, 그의 출생지는 브엘세바이다. 왜 그의 이름을 '웃음'이라 불렀는지 그 이유를 알게 되면 그의 출생 목적과 생애의 의미를 알게 될 것이다.

아브라함의 나이 100세, 그의 아내 사라의 나이 90세 때 하나님께서는 그들에게 아들이 있을 것이라 약속하셨다. "하나님이 또 아브라함에게 이르시되 네 아내 사래는 이름을 사래라 하지 말고 사라라 하라 내가 그에게 복을 주어 그가 네게 아들을 낳아 주게 하며 내가 그에게 복을 주어 그를 여러 민족의 어머니가 되게 하리니 민족의 여러 왕이 그에게서 나리라"(창 17:15–16). 이 약속을 받은 아브라함은 "백 세 된 사람이 어찌 자식을 낳을까 사라는 구십 세니 어찌 출산하리요"(창 17:17) 하고 웃었다. 이 웃음은 하나님의 해학적 언약에 대한 반신반의의 웃음이며, 그의 합리적 사고에서 발생한 불가능의 웃음이었다 해도 과언이 아니다. 그러나 하나님께서는 언약하신 대로 아브라함과 사라에게 아들을 주심으로 그들의 해학적 웃음을 참된 기쁨으로 바꾸어 놓으셨다. 은혜를 히브리어로 '헨'(חֵן, 친절)이라 하며, 헬라어로는 '카리스'(χάρις, 기쁨)라 한다. 이삭은 인간의 합리성과 자연질서를 초월하는 오직 하나님의 은혜에 의하여 생명을 얻었기 때문에 은혜의 동사격인 '웃음'이 그의 이름이 되었던 것이다.

이삭은 모리아 산의 제사 경험을 통하여 다시 한번 그의 이름의 의미를 되새기게 된다. 자기의 생명 대신에 예비하신 한 마리의 양으로 인하여 다시 살아나게 된 생명, 그는 이러한 은혜의 체험으로 인하여 다시 한껏 기뻐하지 않을 수 없었으며 이 은혜가 동기가 되어 가는 곳마다 하나님께 제단을 쌓고 이상적 가정의 장막을 치며 자신과 이웃의 번영을 위하여 우물을 파는 자가 되었다. 이러한 이삭의 모습에서 우리는 참 신자상을 찾아볼 수 있다.

◎ 여러분은 개인적으로, 가정적으로 혹은 교회적으로 어떤 신앙의 전통을 계승하고 있습니까?

3. 야곱 – 약점을 이겨 낸 하나님께 대한 특심함(창 27–36장)

야곱은 이스라엘의 조상 아브라함의 손자이며, 아버지 이삭과 어머니 리브가 사이에서 태어난 에서의 쌍둥이 동생입니다. 그의 이름은 '발꿈치를 잡았다'는 뜻으로 경쟁적이며 투쟁적인 성품의 소유자임을 말해 줍니다. 야곱은 태어날 때부터 그리고 축복을 받기 위해 끈질긴 투쟁을 벌임으로 그의 삶은 투쟁의 삶이라 할 수 있습니다. 그의 삶의 여정이 복잡했던 만큼이나 이동 지역 또한 넓었고, 생의 마지막을 애굽에서 맞은 사람이었습니다.

그의 삶의 이중성을 보는 것은 매우 흥미진진합니다.
야곱이라는 이름의 투쟁성은 그를 때때로 비열한 인간으로 만들었습니다. 창세기를 읽을 때 그는 독자로 하여금 '어찌하여 이런 사람이 그 어마어마한 하나님의 은총과 축복의 대상이 될 수 있었을까?' 하는 의문을 갖게 합니다. 우선 그의 비정함과 교활함이 독자의 비위를 거슬리게 하고 형제간의 의리를 저버린 부도덕성도 무척 못마땅하게 느껴지도록 합니다. 광야에 사냥을 나갔다가 허기져 돌아온 형의 곤경을 이용하여 팥죽 한 그릇으로 장자의 명분을 빼앗은 사실과 형으로 가장하여 눈먼 아버지를 속이고 형이 받아야 할 축복을 가로챈 사건은 계명에 위배되는 범죄 행위라 할 수 있을 것입니다.

그러나 그의 다른 이름인 '이스라엘'(하나님과 겨루어 이김)을 통해 비열함과 투쟁성과는 다른 하나님을 향한 특심한 마음이 그에게 있었음을 보게 됩니다. 인간적인 약점에도 불구하고 그는 하나님을 향한 열정으로 살았고 그 모습을 보시고 하나님께서는 야곱에게 다음과 같은 엄청난 축복을 약속하셨습니다. "나는 여호와니 너의 조부 아브라함의 하나님이요 이삭의 하나님이라 네가 누워 있는 땅을 내가 너와 네 자손에게 주리니 네 자손이 땅의 티끌 같이 되어 네가 서쪽과 동쪽과 북쪽과 남쪽으로 퍼져나갈지며 땅의 모든 족속이 너와 네 자손으로 말미암아 복을 받으리라"(창 28:13–14).

이스라엘은 비로소 그의 아들들을 통하여 열두 지파를 이루게 되었습니다. 이제 창세기 29:32–30:24, 35:17–18에 등장하는 야곱의 열두 아들의 이름을 찾아봅시다.

1) ....
2) ....
3) ....
4) ....
5) ....
6) ....
7) ....
8) ....
9) ....
10) ....
11) ....
12) ....

잠깐만!

이스라엘의 열두 지파는 야곱의 열두 아들에서 나온다. 그러나 가족에서 지파로 형성되는 과정 중에 약간의 변화가 나타나는 것을 살펴볼 수 있다. 먼저 레위는 제사장의 직무를 담당하기 때문에 지파에서 빠지게 된다. 그리고 요셉의 두 아들 므낫세와 에브라임이 열두 지파에 포함되게 된다. 에브라임은 차자였지만 야곱의 축복에 의해 므낫세보다 더 강한 지파가 된다. 그래서 열두 지파는 야곱의 열두 아들 중 레위와 요셉이 빠지고 므낫세와 에브라임이 포함되게 된다.

◎ 야곱의 이야기는 하나님께서 둔한 사람(에서)보다는 간교한 사람을 더 크게 들어 쓰셨던 사건입니다. 야곱은 간교하고 속임수가 많은 사람이었습니다. 그럼에도 불구하고 하나님이 야곱을 들어 쓰신 이유는 무엇일까요?

....

....

....

4. 요셉 – 연단을 거쳐 하나님의 언약을 구체화한 완벽한 지도자(창 37–50장)

요셉이라는 이름은 '그는 더하실 것'이라는 뜻입니다. 요셉은 라헬의 첫 번째 아들이며, 야곱의 열한 번째 아들입니다. 그는 성품이 온유하고 의로운 사람이었으며 매우 총명한 사람이었습니다. 요셉은 야곱이 사랑하는 아내 라헬을 통해 만득자로 얻은 아들이었기에 아버지의 총애를 받으며 자랐습니다. 그러나 해와 달과 별들이 자기에게 절하고, 열한 단의 곡식단이 자기에게 절하는 꿈을 형들에게 말함으로 미움과 시기를 받았습니다(창 37:3–11). 요셉은 그 형들이 도단에서 양을 칠 때 그들의 안부를 알기 위해 형들의 목장을 찾아갔습니다. 이때 형들은 요셉을 죽이기로 결의하였고 르우벤의 제의에 따라 구덩이에 넣었으며, 다시 유다의 제의로 미디안 상인들에게 은 20을 받고 팔았습니다. 그러나 이렇게 진행되는 모든 과정에 하나님의 놀라운 섭리가 포함되어 있음을 깨닫게 됩니다.

그 후 요셉은 애굽의 장관 보디발의 집에 종으로 들어가게 되었으나 보디발의 아내의 끈질긴 유혹을 거절하여 누명을 쓰고 옥에 갇히게 됩니다. 결국 이렇게 반복된 고통은 애굽의 총리가 되는 첩경이 되었습니다. 총리가 된 후 그는 자신의 가족들을 애굽 고센 땅에 이주시키는데 성공하였고, 아버지 야곱의 장례식을 애굽의 국장과 같이 치릅니다. 요셉 또한 110세에 이르러 세상을 떠났으나 모세가 그의 유골을 들고나와 세겜에 안장하였습니다.

이처럼 요셉은 하나님의 섭리 속에서 수많은 연단을 거친 후에 정금 같이 나온 인물로, 아브라함과 맺은 언약을 구체화한 지도자였습니다. 이제 아브라함의 후손은 애굽의 고센 땅에서 씨족의 모습에서 벗어나 이스라엘 민족으로 거듭날 수 있는 모든 조건을 갖추었고, 하나님께서 정하신 때에 약속의 가나안 땅으로 들어가게 될 것입니다.

요셉은 구약 성경에 등장하는 인물들 가운데 사람은 물론 하나님 보시기에도 가장 완벽한 인물이었습니다. 그의 초반 삶은 가족의 배신과 억울한 옥살이 등으로 고통받았지만 총리가 되어 가뭄에서 가족과 세상을 구원했고 출애굽이라는 구약 제일의 사건의 기틀을 닦은 인물로 남았습니다.

믿음의 장자가 되어야

족장들의 이야기를 보면, 당시 근동지방의 풍습과는 잘 맞지 않는 것을 발견할 수 있다. 당시 모든 축복들의 권한이 장자들을 통하여 물려져 왔으나, 족장들의 세계에서는 이 원리를 따르지 않았던 것을 볼 수 있다. 이러한 족장들의 이야기를 통해 우리들은 하나님의 기업은 유전적이고 전통적인 혈통에 의해서가 아니라 믿음과 순종의 사람들이 얻게 되는 것임을 알 수 있다.

혈통으로 장자가 되기보다는 믿음의 장자가 되기를!

◎ 요셉의 삶을 보면서, 혹 여러분의 삶 가운데 하나님이 악을 선으로(轉禍爲福) 만드신 경험들이 있으면 나눠 봅시다.

정리해 봅시다

시대별로 구분해 보십시오.

1. 창조와 타락한 인간 .... 창세기

2. 믿음과 순종 .... 창세기

족장시대의 지명 그림

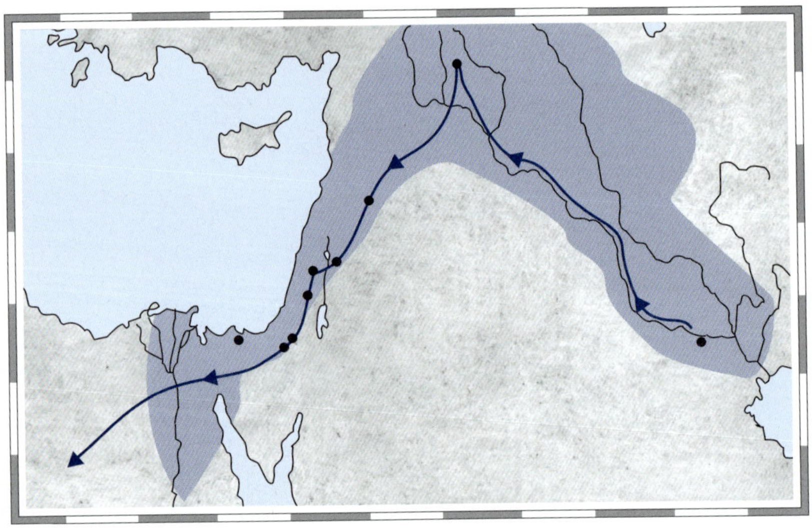

제 5 과 출애굽과 광야시대

【 부르심과 소명 】

"여호와께서 이르시되 내가 애굽에 있는 내 백성의 고통을 분명히 보고
그들이 그들의 감독자로 말미암아 부르짖음을 듣고
그 근심을 알고 내가 내려가서 그들을 애굽인의 손에서 건져내고…"(출 3:7-8)

확인해 봅시다

족장시대 개괄(槪括)

성경에서 이 부분은 주요한 네 인물을 중심으로 한 족장시대로, 하나님의 약속을 믿고 고난을 이겨 낸 믿음의 사람들을 중심으로 펼쳐집니다.

1. 아브라함: ....
2. 이삭: ....
3. 야곱: ....
4. 요셉: ....

....

배워 봅시다

구약 성경에 나타난 사건 가운데 가장 중요한 사건을 하나만 들라고 한다면, 주저 없이 '출애굽 사건'을 들 수 있을 것입니다. 사실 창세기가 제일 앞에 나와 있지만 족장들의 이야기도 왜 출애굽하게 되었는지를 설명하는 단서가 되며, 창조와 타락, 그리고 홍수와 바벨론 이야기 역시 왜 하나님이 아브라함을 부르시게 되었는지를 설명하는 이유로 존재한다 해도 과언이 아닙니다. 그리고 출애굽 사건 이후의 구약 성경은 반복하여 출애굽 사건을 재해석하고 있습니다. 다시 말하면, 이스라엘의 고난은 출애굽의 하나님을 잃어버린 것이요, 회복의 근원은 출애굽 신앙을 회복하는 것입니다.

이제 우리들이 출애굽 사건을 배우는 것은 매우 중요한 신앙의 핵심을 배우는 것입니다. 출애굽 사건을 통하여 우리는 하나님께서 이스라엘 백성을 부르신 이유를 배우게 되며, 어떻게 하나님과 관계를 맺어야 하는지를 분명하게 배우게 될 것입니다.

오늘 여러분은 기대하는 마음으로 애굽에서 출발하여 가나안을 향해 출발하게 될 것입니다. 물론 40년간의 광야 경험이 여러분에게도 커다란 교훈을 주게 될 것입니다.

이집트 왕자의 출애굽

1. 모세의 탄생(출 1:1–2:10)

모세의 영웅적인 성격은 그의 출생 이야기 속에 이미 그려져 있습니다. 한 히브리 어머니 요게벳(출 6:20)의 지혜와 용기는 역사의 진로에 크나큰 영향을 끼쳤지만 그의 신분은 확실하게 밝혀져 있지 않습니다. 우리 중 많은 사람이 모세나 드보라 같은 사람은 아니지만 삶 가운데 드러나지 않으면서도 결정적인 위치에서 살았던 요게벳과 같은 삶을 귀하게 생각해야 할 것입니다.

장차 큰 인물이 될 사람이 커다란 위험 가운데 태어나는 것은 아주 성경적인 원리입니다. 우리의 메시야는 위험 가운데 태어나셨고(헤롯 학살과 아기 예수) 수많은 고난 속에서도 하나님의 보살핌과 섭리 안에 계셨습니다. 하나님의 구원 사역은 계속되고 있습니다.

2. 한 젊은 남자 모세

모세는 비록 자신이 왕의 궁정에서 자라났지만 자신이 히브리 출신이라는 것을 알고 있었습니다. 모세는 동족들의 고된 삶에 충격을 받았고, 그들의 운명에 대한 의분으로 가득 찼습니다. 이 감정은 이집트인을 덮쳐 땅에 엎드러져 죽기까지 무섭게 쳐죽인 사실을 통해 표출되었습니다. 그러나 모세의 이러한 행동은 어떤 고상함도, 신체적 용감성도, 사회적 열정의 발아도 아닌 감정이 북받쳐 오르는 경솔한 행동임을 느끼게 합니다. 그가 감정을 소유한 것이 아니라 감정이 그를 소유한 상태라 할 수 있습니다. 이 일은 그의 동족들에게도 인정받지 못하였고(출 2:14), 이 일이 발각되자 모세는 도주해 버렸습니다.

그렇게 해서 상황이 악화된 모세는 광야로 흘러들어가게 되었고 야곱처럼 망명자가 되었으며 요셉처럼 모세 또한 모든 것(궁정에서의 호화로운 지위, 자신의 친구들과 보호자들, 장래가 보장된 출세)을 버려야만 했습니다. 광야로의 도피가 모세의 내면적 경험에 가져다준 것들은 무엇일까요? 야곱과 요셉을 휩쓸고 지나갔던 것과 같은 절망감과 고독감, 불안이 외적으로 나타났을 것입니다. 또한 내부에서는 자신의 행동을 가차없이 꾸짖고 또 비겁하게 도망한 데 대해 자학하는 내면의 목소리에 쫓겨다니는 심적, 정신적 고통이 있었으리라 추측됩니다. 그러한 가운데 광야에서 모세는 이드로의 딸과 결혼을 하고 정착생활을 시작하며 장인의 양을 치는 양치기의 일을 하게 되었습니다. 자신의 가족과 일, 일상적인 삶의 기쁨을 가졌을지는 모르지만 그의 내면 상태는 성장이 중지된 것으로 보입니다. 이는 그가 지어 준 아들의 이름 '게르솜'(내가 타국에서 객이 되었다)을 통해 나타나고 있습니다.

3. 부르심을 받는 모세

어떤 것에 마음이 사로잡히는 사건의 경험이 인생의 전환점이 되는 것처럼 불붙는 떨기나무와 호기심에 사로잡힌 경험은 모세의 삶에 결정적인 전환점을 가져오게 됩니다. 불 속에서 들리는 그 목소리는 모세가 오랫동안 잊어버렸던 선조들의 하나님이라고 밝히고 있습니다.

아브라함은 이 목소리를 듣고 우르를 떠나 가나안으로 가는 먼 여행을 했었고, 야곱은 하늘까지 닿아 있는 꿈을 꾸면서 이 목소리를 듣고 그의 이기성이 중심까지 흔들렸었습니다.

이제 모세에게는 자신의 조상들로부터 이어져 온 민족의 리더로서의 장자권이 주어진 것과 다름 없었습니다.

아마도 지금껏 모세는 하나님을 소문으로 들어서 알거나 아니면 노예가 된 자기 민족 사이에 있었던 잊혀진 전통쯤으로 알고 있었을 것입니다. 그러나 이제 하나님을 직접 알게 되었는데, 더 이상 어떤 희미한 형태의 방법이나 전통에 의해서 믿고 있던 큰 능력이 아니라 그가 경험하여 알 수 있는 실재임을 깨달았습니다. 이때부터 모세는 하나님을 알게 되었습니다. 이 지식은 그의 삶을 평안케 하기 보다는 고난 속으로 밀어 넣었습니다. 반면에 그의 삶을 더할 나위 없이 의미 있게 만들어 주었습니다.

모세는 하나님의 부르심을 받아 주인공이 되어야 했습니다. 그러나 모세는 그런 존재가 되기 싫어서 일련의 변명들을 늘어놓았고 끝내 자신이 생각해 낼 수 있는 모든 구실을 다하자 좌절 속에서 자기의 주장(속마음, 진실)을 말하게 되었습니다. "주여, 보낼 만한 자를 보내소서!" 모세는 진정 주인공이 되기를 꺼려했었지만, 일단 자신의 사명을 받아들이고 나서는 결코 뒤를 돌아보지 않았습니다. 만약 야곱의 위대한 정신적 장점이 자신에 대한 정직성이었고(야곱은 물론 속이는 자였으나 자신이 속이고 있다는 사실 자체는 직시하고 있었는데 이를 일컫는 것입니다), 요셉의 뛰어난 능력이 꿈을 해석하는 것이었다면, 모세의 가치는 그가 자기 인생의 과업을 일단 받아들이고 나서 보여 준 확고한 인내와 목적에 대한 불변성이라 할 수 있습니다.

"모세"라는 이름의 두 가지 의미

애굽어로는 '어린아이' 또는 '아들'이라는 뜻으로 공주의 아들이 되었다는 뜻이다. 그러나 이스라엘 사람들에게 '아들'이라는 말은 하나님의 백성을 의미한다. "이스라엘이 어렸을 때에 내가 사랑하여 내 아들을 애굽에서 불러냈거늘"(호 11:1), 히브리어로 모세는 '물에서 건져내다'라는 뜻이다. 모세는 물에서 건짐을 받았으나 후에는 이스라엘 백성을 인도하여 물에서 건져낸다. 모세는 어머니의 무릎에서 히브리인의 신앙을 배웠고, 이스라엘인의 자장가를 들으면서 자라났다. 그는 또 애굽의 궁정에서 세계 최상의 학문을 배웠다.

하나님의 이름 – "나는 스스로 있는 자이니라"(I AM WHO I AM) 출애굽기 3:14

성경에는 열다섯 가지의 하나님의 이름이 나타난다. 특히 가시떨기에서 나타나셔서 모세를 만나신 하나님의 이름은 우리가 잘 아는 '여호와', 즉 스스로 계신 자라는 뜻이다. 하나님은 아브라함과 이삭과 야곱에게는 이 이름을 말씀하시지 않으셨다가(출 6:2–4) 모세에게는 이 이름을 알려 주셨다. 이 이름의 의미는 '영원하신 하나님', '영원히 변치 않으시는 분'이다. 즉 여호와 하나님은 조상에게 약속하신 그 언약을 성실하게 지키신다는 것을 그 이름을 통해 나타내신 것이다. 하나님께서는 아브라함에게 약속하신 언약(4과 참조)을 변치않고 실행시키시는 분임을 알리시기 위해서 모세에게 '여호와'란 이름으로 현현하셨다.[3)]

3) 케이 아더, 『하나님의 이름』(서울: 도서출판 프리셉트, 1999), p.88.

한 편의 드라마 같은 출애굽

1. 출애굽: 드라마의 시작(출 1-15장)

출애굽은 한 편의 드라마를 연상케 합니다. 구약 제일의 사건으로 불리는 출애굽의 메시지는 하나님께서 들으시고, 보시고, 아시며, 기억하시고, 행동하신다는 것입니다. 하나님은 기억 속에 머물러 계신 분이 아닙니다. 우리의 삶 속에서 모든 것을 감찰하시고 구체적으로 역사하시는 분입니다.

모세가 애굽의 바로 왕 앞에 서야만 했던 것은 출애굽이라는 실제적인 삶 속에서 부딪치게 될 정치적인 문제를 해결하기 위해서였습니다. 그러나 마음이 강퍅해진 바로는 노예와 진배없는 이스라엘 백성을 보내려 하지 않았고, 결국 하나님께서는 열 가지 재앙을 내리시게 됩니다. 피로 변한 하수, 개구리, 이, 파리, 전염병, 악성 종기, 우박, 메뚜기, 흑암이라는 아홉 가지 재앙이 애굽 땅에 내렸지만 바로는 계속 하나님의 명령을 거부했습니다. 결국 하나님께서 애굽의 장자를 포함한 모든 가축의 처음 난 것을 치신 후에야 바로는 이스라엘 백성을 보내게 됩니다.

하지만 이스라엘 백성이 나갔다는 말을 들은 바로는 다시 마음이 변하여 모든 병거로 이스라엘을 뒤쫓기 시작합니다. 이스라엘 백성 앞에는 거대한 홍해 바다가 흐르고, 뒤에는 질풍처럼 애굽의 병거가 달려옵니다. 그러나 절망의 순간에 홍해가 갈라지고 이스라엘 백성이 모두 건넌 후에야 뒤따르던 애굽의 병거가 모두 수장되는 역사가 일어납니다. 이제 장정만 육십만 명으로 성장한 이스라엘 민족은 애굽에 들어온 지 사백삼십 년 만에 하나님께서 언약하신 약속의 땅으로 그 첫걸음을 내딛습니다.

잠깐만!

이스라엘 백성이 출애굽하는 데 장애가 되었던 일들이 하나님의 능력을 온 천하에 나타내기 위함이었다는 사실을 아는가? "요술사가 바로에게 말하되 이는 하나님의 권능이니이다"(출 8:19). 우상에 대한 하나님의 심판은 애굽 신들과의 전쟁이라고 볼 수 있으며, 아홉 번째 재앙인 흑암은 애굽의 주신(主神)인 태양신 라(Ra)에 대한 심판이었다.

그리고 재앙을 보이신 이유는 애굽과의 확실한 결별을 위하여, 구별을 확실히 보이기 위하여, 그리고 이스라엘로 하여금 순종하게 하기 위함이었다.

유월절(Passover)은 문자적으로 '넘어 지나가는 것'을 말한다(출 12:11–14). 이스라엘 사람들이 하나님의 명령에 따라 양의 피를 문설주에 발라 놓았기 때문에 장자 사망의 재앙이 그들의 집을 넘어갔다는 뜻이다(예수님이 유월절의 어린 양으로 상징되는 것을 기억하라).

"위기의 순간은 하나님의 역사가 가장 분명하게 드러나는 순간임을 명심하기를…."

◎ 혹시 여러분들 가운데 애굽에서의 삶을 경험하신 분이 있습니까?
그러한 삶의 위기 가운데 하나님의 역사하심을 경험한 적이 있다면 함께 나눠 보시기 바랍니다.

2. 하나님의 백성으로 거듭남(출 19–40장; 레 1–27장; 민 1–9장)

하나님께서 이스라엘을 단순히 가나안 땅으로 인도하기 위해서 출애굽을 시키셨다고 생각하는 것은 너무나 단편적인 생각입니다. 하나님은 이들로 하여금 당신의 백성이 되도록 훈련시키기를 원하셨습니다. 광야를 통과하는 동안 우상에 찌들었던 이들의 삶이 정화되고, 위험이 도사리고 있는 광야 한가운데서 하나님만을 의지하는 백성이 되도록 훈련시키기를 원하셨던 것입니다. 그래서 하나님은 이들을 고통 가운데 머물도록 하실 뿐만 아니라 여러 가지 계명을 주시면서 그것을 지키도록 하셨습니다.

하나님은 이제 이들로부터 예배를 받으시는 이들의 하나님이 되기로 작정하셨습니다. 그래서 이들에게 언약과 계명과 절기를 주셨습니다. 출애굽기 19:1–35:3에서는 하나님과 이스라엘과의 언약, 십계명, 안식일에 관한 율법, 성막에 관한 지시, 언약의 파기와 갱신, 유교절과 무교절 등의 내용이 나옵니다.

또한 하나님께서는 출애굽기 35:4-40:38에서 성막을 건축할 것을 명하시는데 출애굽의 궁극적인 목적은 해방 자체에 있는 것이 아니라 하나님의 임재 안에 거하며 예배하는 공동체로 세우시는 것과 약속의 땅을 향해 나아가는 데 있었음을 분명하게 말씀하고 계십니다.

성막 4)

하나님께서는 이스라엘 백성에게 율법을 주셨을 뿐만 아니라 모세에게 성막(Tabernacle)을 지으라고 명령하셨습니다.

성막의 내부

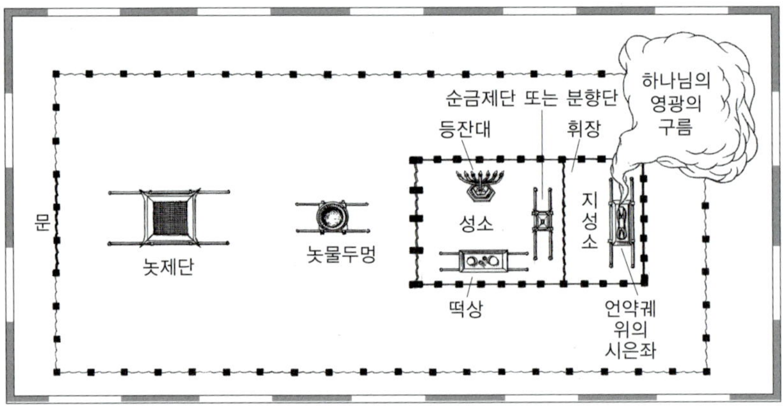

성막의 크기를 살펴보면, 지성소는 성소의 1/3이며 지성소는 정사각형 모형입니다.

성막은 세 부분으로 나누어지는데,
첫 번째 부분은 성막 뜰로 놋 제단과 대야가 있습니다.
두 번째 부분은 성소(Holy)로 금 식탁과 금 촛대, 향단이 놓여 있습니다.

그리고 마지막 부분은 가장 성스러운 장소로 '지성소'(Most Holy)라 불리웠는데 여기에는 언약궤가 놓여 있습니다.

4) 『프리셉트성경』, p.145.

장막의 기구 5)

언약궤와 시은좌

히브리서 9:3–9

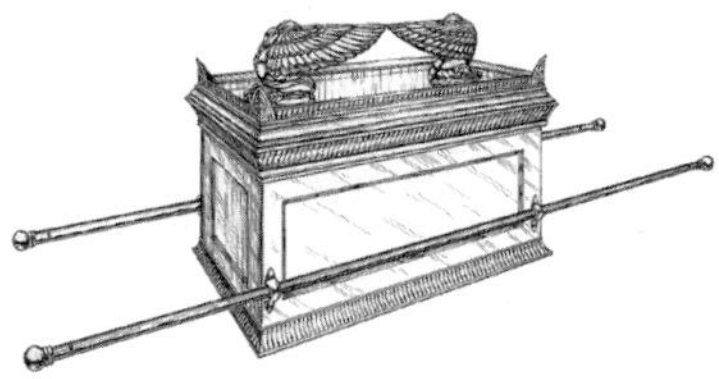

앙장

이 그림은 덮개의 각 층을 보여 주기 위해 그려놓은 것입니다.

떡상

요한복음 6:51

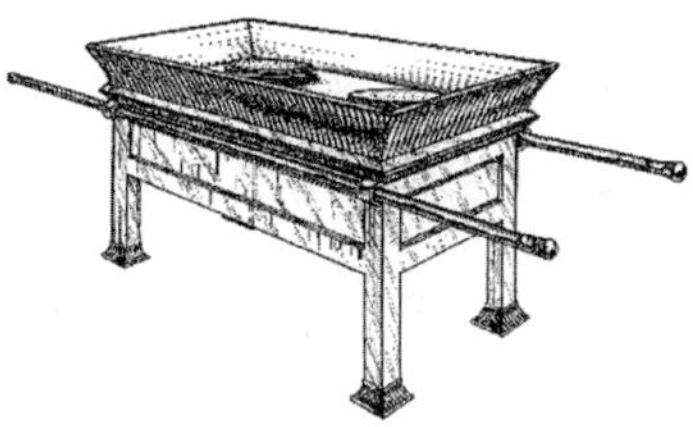

휘장

이것은 장막의 내부에 있는 휘장을 보여 주기 위한 단면도입니다.

마태복음 27:51

히브리서 10:19–20

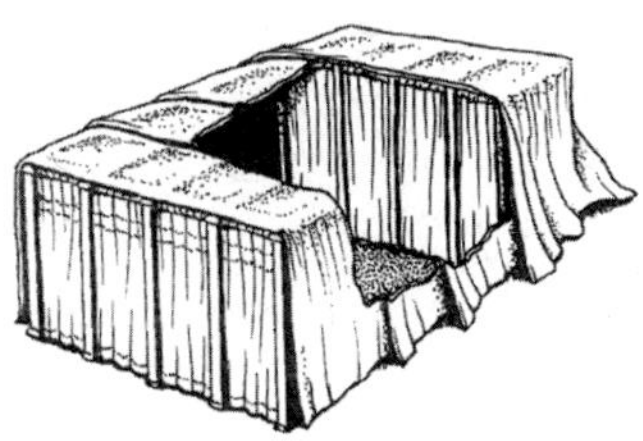

등잔대

요한복음 1:9, 8:12

요한계시록 4:5

요한계시록 21:22–23

놋제단

히브리서 10:10–12

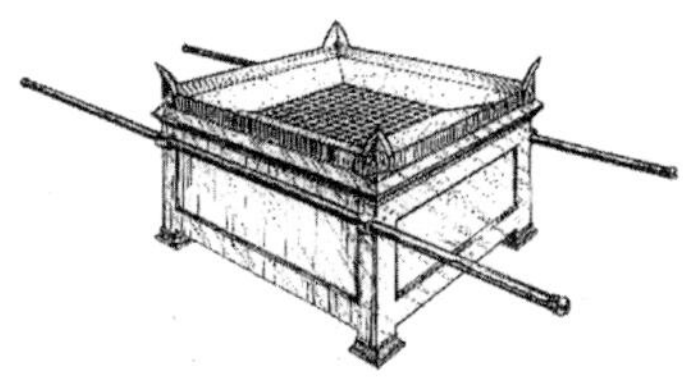

5) 케이 아더, 『출애굽기』(서울: 도서출판 프리셉트, 2001), pp.169–174.

분향단

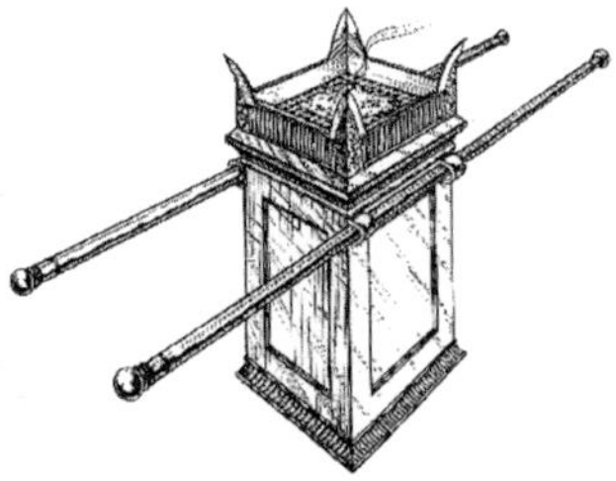

놋물두멍

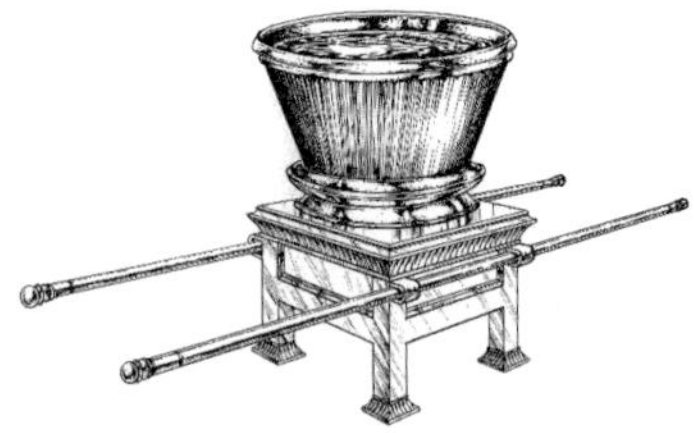

대제사장과 그의 옷

에봇

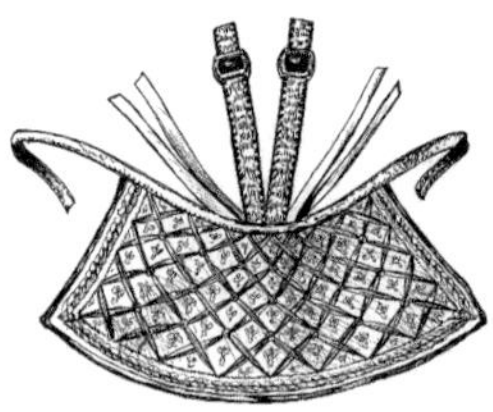

판결흉패

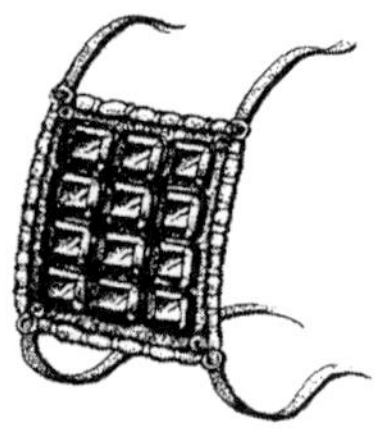

에봇받침 겉옷

정금패가 달린 관

하나님의 제사장의 기름 부음과 위임식

이제 이들이 훈련받은 코스를 같이 밟아 볼까요?

혹시 여러분 가운데 자신을 훈련시키시기 위한 하나님의 연단을 경험한 분이 있습니까?

그런데 이러한 연단을 받을 당시에 우리들이 깨닫지 못하는 경우도 많이 있을 것입니다. 혹 이런 경험들이 있다면 함께 나눠 보시기 바랍니다.
자신의 삶을 통한 하나님의 연단의 시간을 간단하게 적어 봅시다.

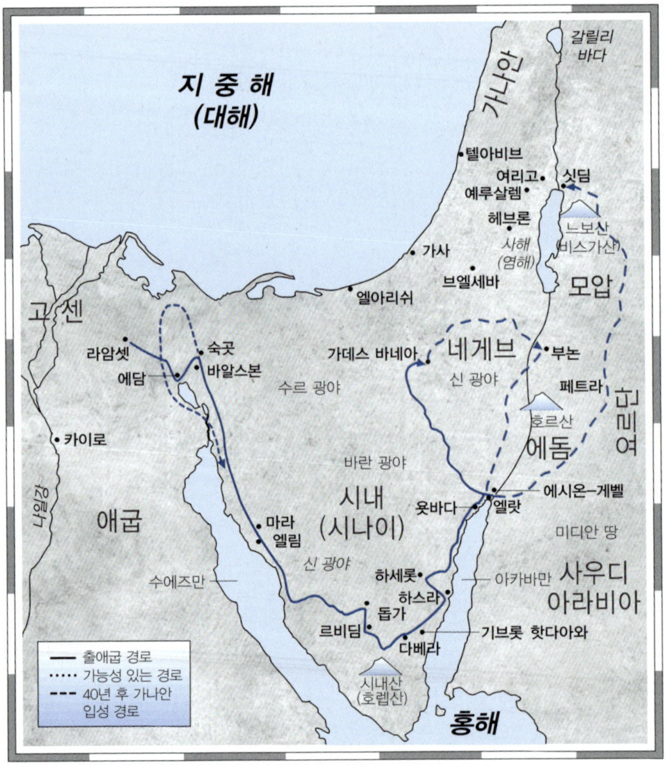

출애굽에서 가나안까지의 노정(路程)

3. 언약과 현실 사이에서(민 10–14장)

이스라엘 백성은 애굽을 나와 일 년 동안 광야에서 하나님의 백성이 되기 위한 연단과 정화의 과정을 거쳤습니다. 민수기 13장은 이 과정을 거친 이스라엘 백성이 첫 번째로 맞이하는 시험대였습니다. 이스라엘 백성은 (   )에 이르러 열두 정탐꾼을 뽑아 정복할 가나안 지역을 탐지했습니다. 과연 그 땅은 젖과 꿀이 흐르는 땅이었지만 정탐꾼으로 보낸 열두 명 가운데 여호수아와 갈렙을 제외한 나머지 열 정탐꾼은 도저히 저 땅을 정복할 수 없다는 보고를 합니다. 현실적으로 견고한 성읍과 장대한 대장부들을 이길 수 없다고 생각했기 때문입니다. 그들에게 언약은 없었습니다. 언약과 현실 사이에서 이스라엘 백성은 하나님의 백성으로 거듭나지 못했음이 드러났습니다. 이제 하나님은 이들을 다시 한번 훈련시켜야 할 필요성을 느끼시게 되었습니다. 이런 상태로 하나님의 약속을 이어가는 언약 백성이 된다는 것은 불가능했기 때문입니다.

4. 새로운 믿음, 새로운 이스라엘(민 20–36장; 신 1–34장)

언약을 잊고 현실만 바라본 이스라엘 백성은 다시 사십 년간의 광야 재활훈련을 시작합니다. 이 기간을 통하여 이스라엘은 언약을 받을 수 없는 불신의 세대가 물러가고 모두 새로운 세대로 채워집니다. 새로운 이스라엘의 탄생입니다.

불신의 구세대는 애굽에서의 생활을 잊지 못했고 언약보다는 현실의 상황에 이끌리는 이스라엘이었습니다. 하나님의 연단과 정화의 훈련 속에서도 그들의 부족함은 곧 드러나 버렸습니다. 사십 년의 광야 생활, 이 시간은 새로운 믿음으로 무장한 새로운 이스라엘이 언약의 백성으로 거듭나기를 원하신 하나님의 기다림이었습니다. 하나님께서는 이스라엘이 광야에서 받은 고생에 함께하시면서 언약의 백성으로 다시 태어나기를 기다리셨습니다. 이제 구세대 중 마지막으로 모세가 모압평지에서 숨을 거두고 여호수아와 갈렙만이 가나안에 들어가게 됩니다.

◎ 자, 이제 거듭나야 한다는 말과 더불어 우리가 하나님 앞에서 바뀌어야 할 부분이 무엇인지를 생각해 보시기 바랍니다. 혹 우리가 가지고 있는 구습(舊習)을 버리지 못했기 때문에 영적인 가나안에 들어가지 못하고 있는 것은 아닌지 살펴봅시다. 우리들에게 끊어야 할 죄의 사슬이 있다면 무엇인지 적어 봅시다.

준비하시는 하나님 – 율례와 법도를 배우게 하심

하나님께서는 광야 길을 통하여 백성을 훈련시키셨고, 하나님의 율례를 가르치셨다. 그리고 하나님의 백성으로서의 삶의 모습을 갖추게 하셨다.

"모세가 홍해에서 이스라엘을 인도하매 그들이 나와서 수르 광야로 들어가서 거기서 사흘길을 걸었으나 물을 얻지 못하고 마라에 이르렀더니 그 곳 물이 써서 마시지 못하겠으므로 그 이름을 마라라 하였더라 백성이 모세에게 원망하여 이르되 우리가 무엇을 마실까 하매 모세가 여호와께 부르짖었더니 여호와께서 그에게 한 나무를 가리키시니 그가 물에 던지니 물이 달게 되었더라 거기서 여호와께서 그들을 위하여 법도와 율례를 정하시고 그들을 시험하실새 이르시되 너희가 너희 하나님 나 여호와의 말을 들어 순종하고 내가 보기에 의를 행하며 내 계명에 귀를 기울이며 내 모든 규례를 지키면 내가 애굽 사람에게 내린 모든 질병 중 하나도 너희에게 내리지 아니하리니 나는 너희를 치료하는 여호와임이라"(출 15:22-26).

출애굽기 15:22-26에는 이스라엘 백성이 처음으로 하나님을 원망하는 내용이 나옵니다. 그들은 홍해를 건너 내륙으로 이동하고 있었는데 마실 물이 전혀 없었습니다. 이스라엘 백성은 시나이 반도의 더운 모래로 인해 지쳐 있었고 매우 목이 말랐습니다. 불과 몇 마일 떨어진 곳에 작은 호수가 있었지만 그 호수의 물은 마시기에 너무나도 썼습니다. 이 쓴 물을 보았을 때 그들은 화가 나서 불평에 찬 목소리로 모세와 아론을 향해 외쳤습니다. "무엇을 마셔야 합니까?"

25절의 아름다운 말씀은 리더들에게 희망을 주고 있습니다. "모세가 여호와께 부르짖었더니 여호와께서 그에게 한 나무를 가리키시니 그가 물에 던지니 물이 달게 되었더라"

모세는 여호와께 부르짖었습니다. 그리고 그가 부르짖었을 때 하나님께서는 그에게 한 나무를 보여 주셨습니다. 그 나무는 모세를 위해 창조된 것이 아니라 언제나 거기에 있었던 것입니다. 그리고 모세에게 그것을 발견하도록 보여 주신 것입니다. 그 나무는 언제나 그곳에 있었습니다. 하나님께서는 단지 그 나무를 모세에게 보여 주신 것입니다.

모세와 아론은 엄청난 잠재력을 가진 그 나무 옆을 여러 차례 지나다녔음이 분명합니다. 이스라엘 백성은 그 나무 아래에서 점심을 먹었습니다. 그러나 그들은 쓴 물로 인해서 계속 불평을 했습니다.

왜 그들은 불평을 했을까요? 그들은 전능하신 하나님께서 쓴 물에 대한 준비나 대책을 갖고 계시지 않다는 모순된 사실로 인해서 불평한 것입니다. 해답은 그들 머리 위에 있었습니다. 그러나 그들은 갖고 있지 않다고 불평했습니다. 어두운 눈으로 갖고 있지 않다고 불평만 했지 하나님께서 그들을 위해 준비하신 것은 알지 못했던 것입니다.[6)]

정리해 봅시다

1. 출애굽: 드라마의 시작

2. 하나님의 백성으로 거듭남

6) 웨인 코디로, 『팀으로 이끄는 교회』(서울: 도서출판 프리셉트, 2001), pp.127-129.

3. 언약과 현실 사이에서

4. 새로운 믿음, 새로운 이스라엘

제 6 과 정복시대

【 소유와 율법 】

"이스라엘아 이제 내가 너희에게 가르치는 규례와 법도를 듣고 준행하라
그리하면 너희가 살 것이요 너희 조상의 하나님 여호와께서 너희에게 주시는 땅에 들어가서
그것을 얻게 되리라 내가 너희에게 명령하는 말을 너희는 가감하지 말고
내가 너희에게 내리는 너희 하나님 여호와의 명령을 지키라"(신 4:1-2)

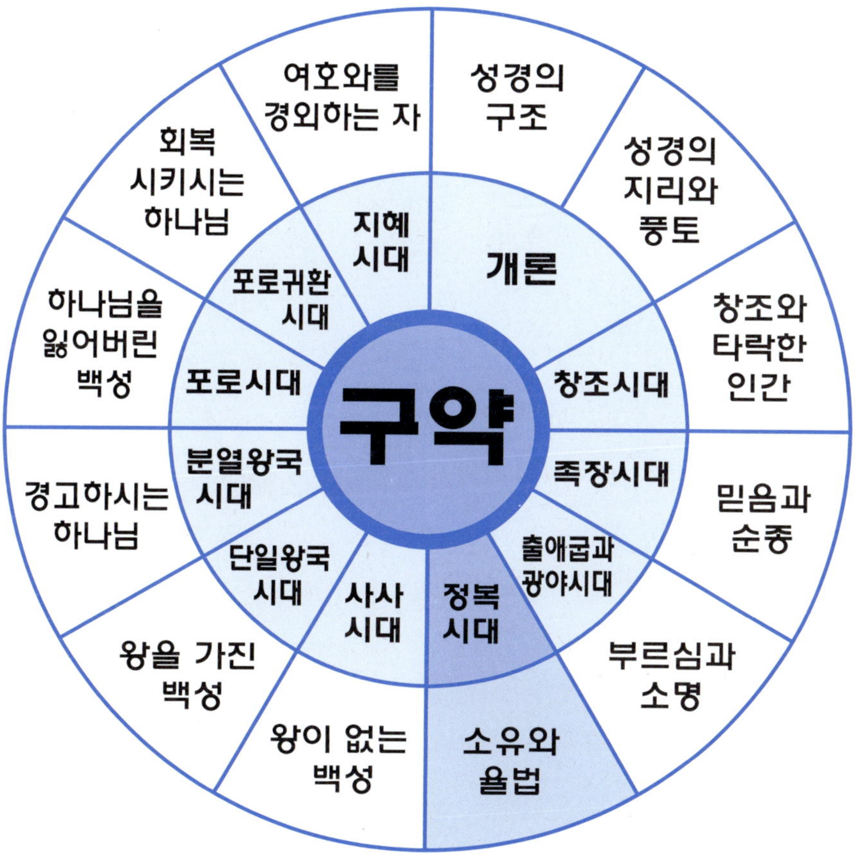

확인해 봅시다

출애굽 경로에 중요 지점을 표시하고 지도에 적어 보십시오. 그리고 그 지역마다 나타난 사건을 기록해 보십시오.

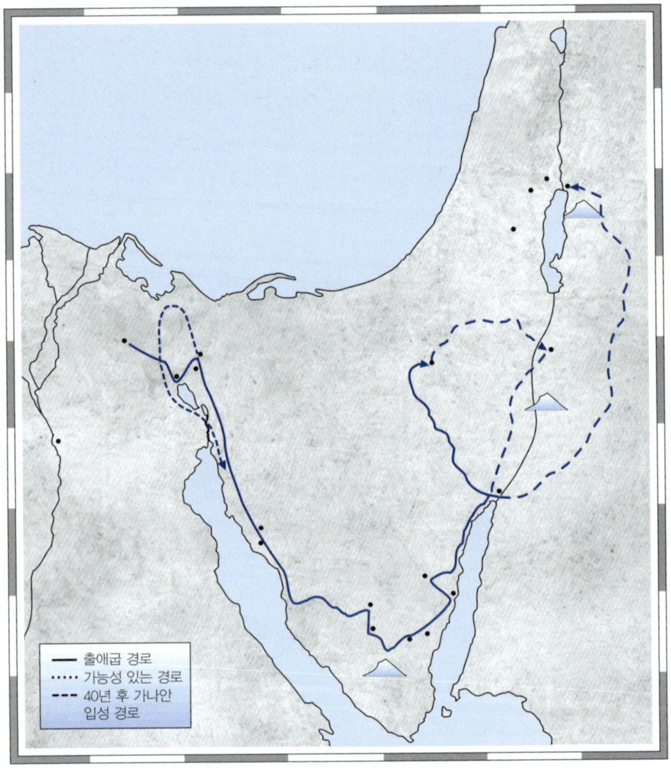

출애굽에서 가나안까지의 노정(路程)

사건들

1)

2)

3)

4)

출애굽 사건은 약속된 땅 가나안을 전제로 하고 있습니다. 노예였던 히브리 백성, 땅이 없어 광야를 떠돌던 백성이 이제 자신들의 땅을 소유하게 된 것입니다. 그러나 하나님은 그들에게 땅을 주셨을 뿐만 아니라 율법도 함께 주셨습니다.

이제 이들은 새로운 땅에서 거룩하신 하나님께 나아가는 법과 함께 살아가는 법을 알아야 합니다. 하나님께서는 이 필요를 충족시키시려고 장막 가운데서 모세를 부르시고 그의 백성이 장막 가운데 계시는 하나님께 나아가는 법과 하나님과 동행하는 법을 가르쳐 주셨습니다. 하나님께서 이러한 법을 가르쳐 주심은 그분이 백성의 진중에 거하시면서 그들에게 계속하여 복을 주시기 위함이었습니다.

중요한 사실은 하나님께서 이들에게 땅을 주시기 전에 거룩한 백성이 되는 법을 먼저 알려 주셨다는 것입니다. 성경은 '소유와 율법'이 동일선상에 있음을 분명하게 말씀하고 있습니다.

배워 봅시다

하나님께 나아가는 법 세 가지(레 1-17장)

하나님께서 주시는 법 중에 전제(前提)하는 것이 있습니다.

· 하나님은 거룩하시다(레 20:3, 7, 26).
· 사람은 죄인이며 하나님으로부터 분리되어 있다(레 5:3).
· 자비하신 하나님께서 죄 많은 인간이 하나님에게 나아가는 길을 주셨다.
· 하나님께서는 그의 백성에게 요구하시는 삶의 수준이 있다.

왜 히브리 민족에게 율법이 중요한가?

법은 삶에 큰 도움이 된다.

① 법은 사회질서를 유지한다. 법 없는 사회는 불안으로 가득 찬 사회가 된다. 또한 법은 강자가 약자를 착취하지 못하게 한다.

② 법은 정체성을 부여한다. 우리가 누구인가를 알게 해 주고, 우리가 특정한 백성에 속한 것을 확인하게 한다.

1. 제사를 통하여(레 1–17장)

1) 번제(레 1:5–17, 6:8–13)

· 제사의 상징: ....

· 번제물: 소, 양, 염소(흠 없는 수컷), 새(집 또는 산비둘기 새끼)

· 제사방법: ....

2) 소제(레 2:1–16, 6:14–23)

· 제사의 상징: 단 하나의 피 없는 제사로 하나님께 감사함으로 봉사한다.

· 번제물: 땅의 소산

· 제사방법: ....

....

3) 화목제(레 3:1–17, 7:1–34) – 로마서 5:1을 읽어 보십시오.

· 제사의 상징: ....

· 번제물: 소, 양(흠 없는 수컷이나 암컷), 염소

· 제사방법: ....

4) 속죄제(레 4:1–5:13, 6:24–30)

· 제사의 상징: ....

· 번제물: 제사장과 온 회중은 흠 없는 수송아지, 족장은 숫염소, 평민은 암염소, 어린 양의 암컷, 산 또는 집비둘기 새끼, 고운 가루

· 제사방법: 피를 성소장 앞에 7번 뿌리고 향단 뿔에 바르고 남은 피 전부를 번제단 밑에 쏟는다.

5) 속건제(레 5:14–6:7, 7:1–7)

· 제사의 상징: ....

· 번제물: ....

· 제사방법: 사람에 대한 피해 보상을 하는 것이 속건 제물을 드리는 전제 조건이다.

2. 대제사장을 통하여(레 8–10장)

대제사장은 하나님과 죄인 사이의 중보자입니다. 그러므로 이스라엘의 대제사장은 더 나은 중보자 되신 그리스도에 대한 예표입니다.

"그리스도께서는 장래 좋은 일의 대제사장으로 오사 손으로 짓지 아니한 것 곧 이 창조에 속하지 아니한 더 크고 온전한 장막으로 말미암아 염소와 송아지의 피로 하지 아니하고 오직 자기의 피로 영원한 속죄를 이루사 단번에 성소에 들어가셨느니라 염소와 황소의 피와 및 암송아지의 재를 부정한 자에게 뿌려 그 육체를 정결하게 하여 거룩하게 하거든 하물며 영원하신 성령으로 말미암아 흠 없는 자기를 하나님께 드린 그리스도의 피가 어찌 너희 양심을 죽은 행실에서 깨끗하게 하고 살아 계신 하나님을 섬기게 하지 못하겠느냐"(히 9:11–14).

3. 정결케 함으로(레 11–17장)

1) 육체적인 정결(레 11–15장): ....

....

....

....

2) 영적인 정결(레 16–17장) – 속죄일

① ....

② ....

③ ....

히브리 예배의 세 가지 요소

1. (　　　　)

자유의 백성이 된 히브리인들은 출애굽 사건을 결코 잊을 수 없었다. 출애굽은 그것이 역사적이든 개인적이든 구원의 체험을 상징한다. 유대인들은 유월절 축제를 '세이더'(Seder)라고 부르는데, 이는 식사나 예배의 순서를 의미한다.

· 이날 그들은 이스라엘 백성이 기적적으로 노예생활에서 구출된 것을 기억한다.
· 하나님의 도우심으로 광야에서 생존한 것을 기억한다(만나, 메추라기).
· 하나님의 지혜를 기억한다(시내 산에서 받은 율법).
· 해방과 약속된 땅을 기억한다.

유대인이었던 초대 기독교인들은 예수의 죽음을 유월절 양의 희생과 연결시켜 새 의미를 부여한다. 죄의 노예에서 그들을 해방시켜 준 예수의 희생으로 출애굽 사건을 재해석하게 된 것이다. 출애굽은 죄로부터의 구원을 기억하게 해 주었다.

2. (　　　　)

고대 히브리인들은 그들의 죄책감을 예배의식을 통하여 표현하였다. 그들은 그들의 죄를 고백하였고, 수치를 그들의 창조주요 구속주가 되시는 하나님께 회개하였다.

레위기 16장에는 대속죄일(욤 킷푸림, יוֹם כִּפֻּרִים)과 속죄제에 대한 언급이 나오고 있다. 대제사장(아론)은 일 년에 한 번씩 몸을 깨끗이 씻고 거룩한 옷(세마포)을 입고 수송아지를 제물로 잡았다. 피의 제사는 자기 자신과 가족의 죄를 바치는 것이었다. 그다음 아론은 백성의 죄를 상징적으로 짊어질 두 마리의 염소를 선택하였다. 이 중 한 마리는 속죄를 위한 제물로 바쳐졌다. 아론은 다른 염소의 머리에다 두 손을 얹고 안수하여 바깥으로 내보냈다(레 16:21). 그 염소는 백성의 모든 죄를 지고 떠나갔고 백성은 죄와 수치에서 해방되었다.

이러한 속죄행위를 통하여 인간은 하나님과 화해되고 하나님과 하나가 된다(at-one-ment). 그러므로 인간은 하나님과 교통할 수 있게 되고, 죄의 짐을 짊어지지 않고 살 수 있게 된다.

3. (   )

히브리인들은 오경에 기록되어 있는 축제일들을 지킴으로써 그들 조상이 하나님과 언약 관계를 맺게 된 이야기를 되새기고, 하나님께 예물을 바침으로써 감사함을 표현한다.

이스라엘의 7대 절기

1. 유월절(레 23:4–5; 고전 5:7)

히브리어로는 페싸흐(פסח)로 '넘어가다'라는 뜻을 가지고 있다.

니산월(아빕월, 1월) 14일 해 질 무렵, 나흘 전에 준비한 숫양을 구워 무교병과 쓴 나물과 함께 먹고 그 피를 문설주에 바르고 아침까지 남은 것은 불에 태워 버린다. 애굽이 하나님의 진노로 장자를 잃는 열 번째 재앙을 당할 때 구원받은 것과 해방을 기념하는 날이다.

이날에 유월절을 지키지 못한 사람은 이얄월(시브월, 2월) 14일에 지킨다.

2. 무교절(레 23:6–8; 고전 5:7–8)

히브리어로는 맛차(מצה)로, 니산월(아빕월, 1월) 15일부터 7일 동안(21일까지) 누룩이 없는 무교병을 먹는다.

절기의 이름도 이 누룩 없는 떡을 먹는다하여 무교절이라 불리웠다.

무교절이 시작되는 첫날과 마지막 날은 '성회'(미크라 코데쉬, מקרא קדש)로 백성이 모이고 노동을 하지 못했으며 매일 하나님께 화제를 드렸다.

3. 초실절(레 23:9–14; 고전 15:20)

초실절은 히브리어로 바쿠림(בכורים)이라 불리며 무교절 기간 중에 있는 절기로, 유월절 후 첫 안식일 다음 날이다.

추수 전에 곡식의 첫 이삭 한 단을 하나님께 드리는 절기로서 양식을 주신 하나님께 감사하는 날이다.

초실절 예물을 하나님께 드리기 전에는 떡이나 볶은 곡식, 생 이삭이라도 먹지 않았다.

4. 칠칠절(레 23:15-21; 행 2:1-47; 고전 12:13; 엡 2:11-22)

칠칠절은 맥추절, 오순절과 같이 다양한 이름으로 불려진다.
히브리어로는 솨부아(שבוע) '맹세하다'라는 뜻으로 밀을 수확할 수 있도록 복 주신 하나님께 감사하는 날이다.
칠칠절은 초실절로부터 50일째에 해당하는 날로서 보통 시완월(3월) 6일경이 된다.
이날은 하루만 절기로 지키는데 성회를 공포하고 노동이 금지되며 하나님께 번제를 드렸고 숫염소 한 마리를 속죄제로 드렸다.
특이한 것은 모든 절기에는 누룩이 없는 무교병을 쓰지만 칠칠절만은 누룩을 넣은 유교병을 소제로 사용한다.

5. 나팔절(레 23:23-25)

'나팔을 불 날'(욤 테루아, יום תרועה)이다. 나팔절은 티쉬리월(에다님월, 7월) 1일로 유대 민간력으로는 1월에 해당하는 새해 첫날이다.
이날은 나팔을 하루 종일 일정한 간격으로 불었으며 성회가 선포되고 노동을 금했다.
그리고 속죄제로 숫염소 한 마리를 드렸다.

6. 속죄일(레 23:26-32; 히 9:25-26)

이날은 성회가 선포되고 노동을 금하며 마음을 괴롭게 하는 날로 티쉬리월(에다님월, 7월) 10일이다.
히브리어로는 욤 킷푸림(יום כפרים)이라 하는데 특별히 연중 이날만 대제사장이 지성소에 들어갔다. 그리고 하나님을 위한 숫염소와 아사셀을 위한 숫염소를 드렸다.

7. 초막절(레 23:33-34)

수장절, 장막절이라고도 불린다.
히브리어로는 학 하수코트(חג הסכות)라고 불리며 티리쉬월(에다님월, 7월) 15일부터 8일 동안 행해진다.
초막절은 이스라엘 백성이 애굽을 나와 광야에 머물렀던 것을 기념하는 동시에 풍성한 수확을 허락하신 하나님께 감사하는 절기이다.
첫째 날과 여덟째 날에는 성회로 모이고 노동이 금지되었으며 각 날마다 그에 상응하는 제사를 드렸다.

그 외의 절기

1. 부림절(에 3:7)

히브리어 푸르(פּוּר)에서 유래된 말이다.

푸르의 원뜻은 '깨뜨리다', '부스러뜨리다', '제비뽑기'라는 뜻을 가지고 있는데 여기에서는 바사 아하수에로(일명 크세르크세스) 왕이 신탁을 위하여 '푸르' 곧 제비를 뽑았음을 지칭한다.

아달월(12월) 13일은 이스라엘 백성을 위하여 에스더가 금식하며 기도한 날로 모두 이 날은 금식하고 14, 15일은 회당에 모여 에스더서를 봉독했다.

2. 수전절(요 10:22)

히브리어로는 하누카(הנוכה), 헬라어로는 엥카이니아(ἐγκαίνια)라고 한다.

기슬르월(9월) 25일부터 8일 동안 행해지는 이 절기는 주전 164년 유다 마카비에 의해서 성전이 회복된 것을 기념하는 날로 지켜졌다.

이날에는 성전에 올라갈 때 부르는 노래인 할렐을 부르면서 성전에서 지내고 첫날부터 시작하여 하루가 지날 때마다 촛불을 하나씩 더하는 전통이 있다.

이스라엘의 명절[7)]

	정월(니산) 유월절				3월(시완) 오순절
애굽에서의 노예생활	**유월절**	**무교병**	**첫 열매**		**오순절 또는 칠칠절**
		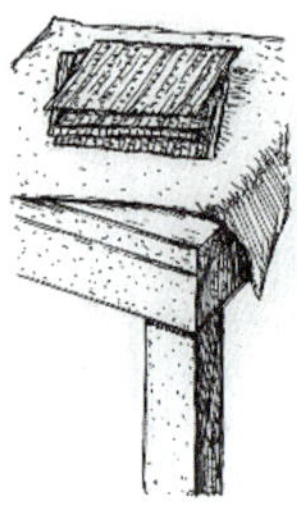			
	어린 양을 잡아 그 피를 문설주에 바른다 출 12:6-7	*모든 누룩을 제거한다* (죄의 상징)	*곡식단을 흔드는 요제* (다가올 추수에 대한 약속)		*두 덩이 유교병을 흔드는 요제*
	정월 14일 레 23:5	정월 15일부터 7일 동안 레 23:6-8	안식일 이튿날 레 23:9-14		첫 열매를 거둔 후 50일째 레 23:15-21
죄를 범하는 자마다 죄의 종이라	**우리의 유월절 양 곧 그리스도께서 희생이 되셨느니라** 	**묵은 누룩을 내어 버리라 … 누룩 없는 떡으로 하자**	**그리스도께서 다시 살아나사 … 첫 열매가 되셨도다** 	**가면 내가 그(보혜사)를 너희에게로 보내리니**  **감람 산**	**성령 강림 약속, 교회의 신비: 유대인과 이방인이 한 몸이 됨** 
요 8:34	고전 5:7	고전 5:8	고전 15:20-23	요 16:7 행 1:9-12	행 2:1-47 고전 12:13 엡 2:11-22

달(月): 니산(Nisan) — 3,4월 • 시완(Sivan) — 5,6월 • 티쉬리(Tishri) — 9,10월

7월(티쉬리)
초막절

	나팔절	속죄일	초막절 또는 장막절	

	나팔을 불어 성회 소집	*정결하게 하는 속죄* 레 16:30	*광야 장막을 기념하는 추수감사절*	
명절 사이 막간	7월 1일 레 23:23–25	7월 10일 레 23:26–32	7월 15일부터 7일 동안; 제8일은 성회 레 23:33–44	
	속죄의 마지막 날을 준비하기 위해 이스라엘을 다시 모으다 렘 32:37–41 	**그리스도의 오심** **그 날에 이스라엘이 회개하고 메시야를 보게 될 것이다** 슥 12:10, 13:1, 14:9 	**천하만국이 예루살렘으로 올라와 초막절을 지킬 것이다** 슥 14:16–19 	**새 하늘과 새 땅** **하나님이 사람들과 함께 거하신다** 계 21:1–3
	겔 36:24	겔 36:25–27 히 9–10장 롬 11:25–29	겔 36:28	

7) 『프리셉트성경』, pp.192-2~192-3.

이스라엘은 매년 두 번 추수했다 – 봄, 가을

믿음과 순종을 통한 약속의 실현 - 땅의 소유

모세의 후계자인 여호수아는 하나님의 약속을 믿으면 하나님께서 그들에게 승리를 가져다주신다는 믿음을 입증하여 주고 있습니다. 이제 이스라엘 백성이 소유하게 될 가나안 땅이 어떤 곳인지 살펴볼 필요가 있습니다.

가나안 땅은 어떤 곳인가?

1. 가나안 땅의 정치적 배경: B.C. 1400년경 많은 도시국가가 산재해 있었다.

2. 종교적 배경

1) 가나안에서는 많은 이방 신들을 섬기고 있었다.

- 엘(El): 가장 높은 신
- 바알(Baal): 풍요의 신
- 아세라(Asherah): 엘 또는 바알의 배우자
- 아스다롯(Ashtoreths): 풍요, 사랑, 전쟁의 여신

2) 가나안 족속의 타락상(그들이 섬기는 신들과 일치) – 뱀 숭배, 신전 내에서의 성행위, 어린이 제사(신 12:31), 근친상간, 동성연애, 짐승과 교합(레 18:22–25)

3. 이스라엘의 대외 정책(신 20:10–18)

1) 가나안 땅 밖의 나라: 이스라엘 세력권 밑에서 화친

2) 가나안 족속: 호흡이 있는 자는 모두 진멸 – 가나안 족속들의 종교적 타락에 대한 심판, 그리고 이스라엘의 순결을 지키기 위한 목적

1. 땅의 진입 – 믿음과 순종에 의한 진입(수 1–4장)

하나님께서는 여호수아에게 모든 백성과 더불어 요단강을 건너라고 명령하셨을 뿐만 아니라 약속의 말씀을 주셨습니다(수 1:1–9).

· 약속의 조건은 ....

....

· 약속의 결과는 ....

이스라엘은 믿음과 순종으로 요단강을 건너갑니다(수 3:1–5:1).

· 시기적으로는 물이 언덕까지 넘치는 때
· 제사장들이 언약궤를 매고 요단강에 들어가라는 명령 – 언약궤는 하나님의 임재
· 백성은 믿음과 순종으로 도강

물이 끊어진 후에 들어가는 것은 믿음이 아니다!

2. 땅의 정복 – 믿음과 순종을 통한 정복(수 5–12장)

이스라엘이 가나안 땅을 정복하기 전에 하나님께서는 두 가지를 요구하셨습니다. '할례'를 받을 것과 '유월절'을 지키는 것이었습니다. 여기에서도 동일하게 '믿음과 순종'이라는 도식이 성립됩니다.

· 믿음 – 할례와 관계된 하나님의 언약(땅의 소유)을 믿을 것입니다(창 17:1–14).
· 순종 – 적을 앞에 두고 도강 후 배수진을 치고서 며칠 동안 몸을 움직일 수 없는 육체적 수술을 단행한 것입니다.
· 여리고 성의 점령은 믿음과 순종에 의한 승리입니다(수 6:3–9; 히 11:30).
· 반면 아이 성의 패전은 하나님의 은혜를 잊은 자만심(수 7:3)과 하나님의 언약을 어긴 아간의 죄(수 7:10–12, 20–21)때문이었습니다.
· 에발 산과 그리심 산에서의 의식은 믿음과 순종에 의한 행위였습니다(수 8:30–35) – 전쟁 중에 적의 중심부에서 전쟁과는 아무런 관계도 없는 이러한 의식을 행한 것은 믿음과 순종이 없이는 불가능했습니다.
· 정복의 요약 – "이와 같이 여호수아가 여호와께서 모세에게 말씀하신 대로 그 온 땅을 점령하여 이스라엘 지파의 구분에 따라 기업으로 주매 그 땅에 전쟁이 그쳤더라"(수 11:23).

3. 땅의 분배 – 믿음과 순종을 통한 소유(수 13 –22장)

가나안은 이스라엘 백성에게 약속된 땅이었으나 백성의 믿음과 순종을 통해서만 전투에서 승리하고 땅을 정복할 수 있었습니다. 이제 여호수아는 제비를 뽑아서 땅을 분배합니다. 여기에서도 역시 믿음과 순종이라는 도식이 적용됩니다. '땅의 완전한 소유' 역시 믿음과 순종이 없이는 불가능하다는 것입니다.

이제 중요한 것은 땅을 분배받은 것이 아니라
어떻게 자기의 것으로 지킬 것인가의 문제입니다.

"여호와께서 이스라엘의 조상들에게 맹세하사 주리라 하신 온 땅을 이와 같이 이스라엘에게 다 주셨으므로 그들이 그것을 차지하여 거기에 거주하였으니 여호와께서 그들의 주위에 안식을 주셨으되 … 여호와께서 이스라엘 족속에게 말씀하신 선한 말씀이 하나도 남음이 없이 다 응하였더라"(수 21:43–45).

4. 여호수아 생애의 종결 – 믿음과 순종을 다짐함(수 23–24장)

여호수아는 생의 마지막 순간에 세겜에서 언약을 새롭게 다짐합니다. 세겜은 아브라함에게 가나안 땅을 처음으로 약속한 장소(창 12:6–7)요, 야곱이 단을 세운 곳(창 33:20)이기도 합니다. 여호수아는 전쟁을 통한 삶의 질곡 속에서도 확신하는 것이 있었는데 그것은 언약의 하나님께 운명을 걸어 볼 만하다는 것이었습니다.

하나님은 분명하게 믿음을 가지고 순종하는 자들을 실망시키지 않았다는 확신을 가지고 계셨습니다.

이제 삶을 마감하는 순간에 여호수아는 이스라엘 백성을 권고합니다.

· 이스라엘아, 지난 역사를 회고해 보라!
· 아브라함을 부르신 때부터 가나안을 정복할 때까지 우리 하나님은 얼마나 신실하셨는가!
· 이제 너희는 섬길 자가 누구인지를 선택하라!
· 이스라엘의 선택은 여호와 하나님밖에 없다!

열두 지파에게 분배된 땅

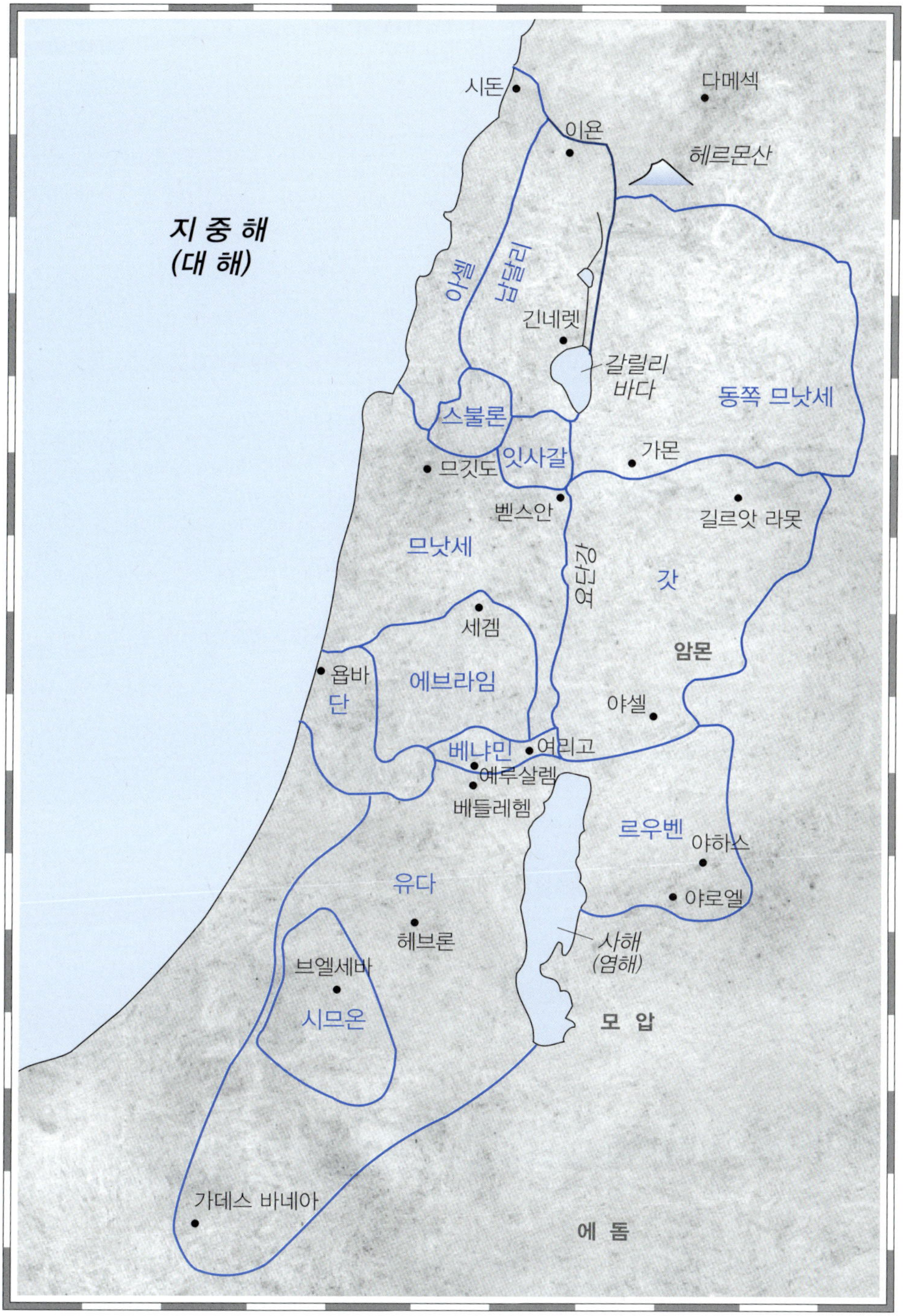
시돈
다메섹
이욘
헤르몬산
지 중 해
(대 해)
아셀
납달리
긴네렛
갈릴리
바다
동쪽 므낫세
스불론
잇사갈
가몬
므깃도
벧스안
길르앗 라못
므낫세
요단강
갓
세겜
암몬
욥바
에브라임
단
야셀
베냐민
여리고
예루살렘
베들레헴
르우벤
야하스
유다
야로엘
헤브론
사해
(염해)
브엘세바
시므온
모 압
가데스 바네아
에 돔

정리해 봅시다

1. 하나님께 나아가는 법 세 가지는 무엇입니까?

   1) ....

   2) ....

   3) ....

2. 여호수아의 생애를 4단계로 나타내 보십시오.

   1) 땅의 진입: ....

   ....

   2) 땅의 정복: ....

   ....

   3) 땅의 분배: ....

   ....

   4) 여호수아 생애의 종결: ....

제 7 과 사사시대

【 왕이 없는 백성 】

"여호와께서 사사들을 세우사 노략자의 손에서 그들을 구원하게 하셨으나"(삿 2:16)

"기드온이 그들에게 이르되 내가 너희를 다스리지 아니하겠고
나의 아들도 너희를 다스리지 아니할 것이요 여호와께서 너희를 다스리시리라 하니라"(삿 8:23)

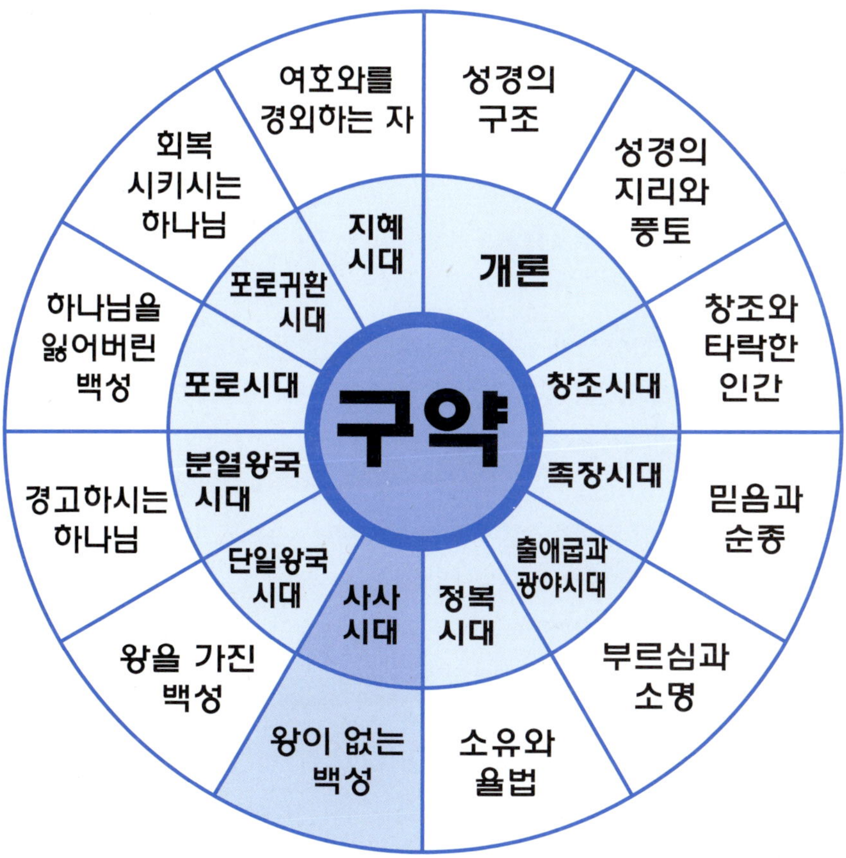

확인해 봅시다

믿음과 순종을 통한 약속의 실현

1. 땅의 진입: ....

2. 땅의 정복: ....

3. 땅의 분배: ....

4. 여호수아 생애의 종결: ....

배워 봅시다

사사시대는 가나안 진입 이후 왕이 없던 시대를 말합니다. 왜냐하면 이스라엘에게는 하나님께서 친히 통치자가 되셨기 때문입니다. 눈에 보이지 않는 왕은 어떤 면에 있어서는 이스라엘에게 자율을 의미하는 것이었습니다.

그러나 이스라엘은 눈에 보이지 않는 하나님 앞에서 범죄하였으며, 하나님은 압제자를 통하여 징벌하셨습니다. 징벌은 이스라엘에게 고통을 가져다주었고, 고통받는 이스라엘은 하나님께 부르짖었고 그때마다 하나님은 이들을 구원하셨습니다. 이때 하나님은 사사들을 들어 사용하셨습니다.

사사들은 카리스마가 있는 지도자들이었습니다. 사사들은 부족의 지도자들로서 위기와 혼란에 빠진 이스라엘 백성을 다시 하나님께 순종하도록 종용하고, 분열된 백성을 하나로 묶어주며 적들에 대항하여 싸우도록 하나님으로부터 세우심을 받은 사람들이었습니다.

"여호와께서 사사들을 세우사 노략자의 손에서 그들을 구원하게 하셨으나"(삿 2:16).

사사란?

사사는 히브리어로 솨파트(שׁפט)라고 하며 원뜻은 '판결을 선고하다', '다스리다'라는 의미이다. 영어로는 사사를 'Judge'라고 쓰지만 재판관을 의미하는 것은 아니다. 사사는 이스라엘이 가나안을 점령한 후부터 사무엘에 의해 사울이 왕으로 기름부음 받고 왕정시대가 열리기 전까지 하나님에 의해 세워진 이스라엘의 군사, 정치, 사법의 지도자였다.

사사의 역할

· 왕: ....

· 제사장: ....

· 선지자: ....

이스라엘 백성은 모세와 여호수아의 지도 밑에서 신정국가(神政國家)를 이루고 있었습니다. 그들에게는 대통령 제도나 왕 제도가 없었습니다. 그들은 직접 하나님께 명령을 받았고, 영적인 지도자들은 하나님이 그들의 왕이 되시기를 원했습니다. 기드온은 **"내가 너희를 다스리지 아니하겠고 나의 아들도 너희를 다스리지 아니할 것이요 여호와께서 너희를 다스리시리라"**(삿 8:23)고 말하였습니다. 왕정시대(王政時代)가 오기까지 사사들은 종교적 · 군사적 지도자들이었고, 그들은 짧은 기간을 봉사하였습니다.

사사시대 배경

· 시대적으로: ....

· 경제적으로: ....

· 종교적으로: ....

· 정치적으로: ....

· 성경에서의 위치로는: ....

사사시대 죄의 악순환

사사시대 죄의 악순환은 우리 인간들의 삶을 그대로 반영하고 있습니다. 사사시대 죄의 악순환을 표를 통해서 확인해 보십시오.[8)]

죄가 악순환 되는 원인(삿 2:2, 10)
·
·
·
·

이스라엘의 타락(삿 2:11–13)
누구를 버리고 무엇을 섬겼습니까?

↓

8) 프리셉트성경연구원, 『사사기(GBS)』(서울: 도서출판 프리셉트, 1998), p.12.

하나님의 진노(삿 2:14–15)

하나님은 어떻게 하셨고 백성은 어떻게 되었습니까?

↓

이스라엘의 회개(삿 2:18 하반절)

이스라엘 백성은 하나님의 진노를 받아 어떻게 되었습니까?

↓

하나님의 구원(삿 2:16–18 상반절)

하나님은 이스라엘의 부르짖음에 어떻게 하셨습니까?

↓

다시 시작되는 이스라엘의 타락(삿 2:19)

· 하나님께서 사사를 통하여 이스라엘을 구원하셨지만 사사가 죽고 난 후에 이스라엘 백성은 오히려 이전보다 더욱 악을 행하며 우상 숭배와 패역한 행위를 그치지 않음.

⋮

죄의 악순환

1. 이스라엘의 범죄(삿 2:6–10, 3:5–6)

1) ....

2) 이방인과의 혼인

3) 우상 숭배

4) ....

2. 이스라엘의 타락상(삿 17–21장)

여기에서는 이스라엘의 두 지파인 단과 베냐민의 타락한 모습을 보겠습니다.

1) 종교적 타락상 – 단 지파의 우상 숭배(삿 17–18장)

미가의 가족과 사회의 타락상

· 미가가 신상을 만들고 그 아들을 제사장으로 삼음: ....

· 미가 가족의 의도는 "여호와를 섬기려 했다": ....

· 결과적으로 신상을 통한 여호와 숭배, 하나님의 평가는: ....

교훈:

· 그들의 의도 – 여호와를 섬기는 것

· 그들의 방법 – 자기 소견에 옳은 대로

· 결론 – 혼란, 우상 숭배, 하나님으로부터 분리

· 사람들은 사람의 이성을 판단 기준으로 삼아 소견에 옳은 대로 행하였다. 그러나 말씀이 기준이 되어야 한다.

생각하기: 실제 우리 생활에서의 삶의 기준과 판단은 무엇인지 생각해 보십시오. 우리는 교회에서조차도 "내 생각에는 …"이라는 말을 쉽게 하지는 않습니까?

2) 사회적 타락상 – 베냐민의 부도덕, 무법(삿 19–21장)

범죄의 내용: 레위인의 축첩과 첩의 음행, 베냐민의 기브아 비류들의 동성연애, 레위인의 첩을 윤간하여 죽임.

교훈: 영적 건강은 도덕적 수준을 결정한다. 하나님을 떠난 자들의 사회는 혼란, 부패, 타락이다.

3. 징벌과 구원

하나님께서는 범죄한 이스라엘을 그냥 두고 보실 수 없었습니다. 이들은 이미 하나님의 백성이었고, 하나님의 관심은 징벌이라는 도구를 통하여 이들을 교정하기를 원하셨던 것입니다. 당시 가나안에는 많은 이방 족속들이 살고 있었습니다. 그리고 이들은 이스라엘을 징계하는 도구(삿 2:14–15)로 사용되었습니다.

여기에서 우리가 알 수 있는 것은 하나님의 목적은 징계에 있지 않다는 것입니다. 징계 받는 이스라엘이 부르짖을 때마다 그들의 소리를 들으시고 사사들을 통하여 구원하신 사실이 이것을 입증하고 있습니다. 사사기에는 많은 사사들이 등장하고 있습니다. 중요한 사사들로는 옷니엘과 에훗(삿 3:7–30), 드보라(삿 4:1–5:31), 기드온(삿 6:1–8:35), 입다(삿 10:6–12:7), 삼손(삿 13:1–16:31) 등을 들 수 있습니다. 그중에 특별히 여사사인 드보라가 가나안의 군대장관 시스라를 물리치는 승전가의 노래(삿 5장), 기드온이 300명의 용사로 미디안 족속을 물리치는 나팔과 횃불전쟁 이야기(삿 7장), 외동딸을 제물로 바치는 안타까운 입다의 이야기(삿 11:30–40), 천하무적의 힘을 가졌던 삼손과 그를 유혹하는 들릴라의 이야기(삿 16:4–22)는 오늘날에도 우리들을 흥미롭게 해 주는 이야기들입니다. 이 밖에도 소(小)사사들에 대한 기록들이 간략하게 언급되고 있습니다(삿 3:31, 10:1–5, 12:8–15).

4. 사사 기드온을 통해 바라본 죄의 악순환(삿 6:1-8:35)

많은 사사들이 등장하고 있지만, 죄의 악순환은 거의 비슷하게 반복되고 있습니다. 우리는 가장 유명한 사사 중의 한 사람이었던 기드온을 통해 사사시대를 조명해 볼 수 있습니다.

1) 이스라엘의 배교(背教) 내용을 찾아보십시오.

삿 6:1 - ....

삿 6:10 - ....

삿 6:25 - ....

2) 이스라엘이 당한 압제(壓制)의 내용을 찾아보십시오.

삿 6:3-6 - ....

....

3) 이스라엘의 회개 내용을 찾아보십시오.

삿 6:6-7 - ....

....

4) 하나님께서는 어떻게 이스라엘을 구원하십니까?

삿 7:15 - ....

....

5) 이스라엘의 안식과 반복되는 배교는 무엇입니까?

삿 8:33 - ....

....

각 지파별로 본 사사들

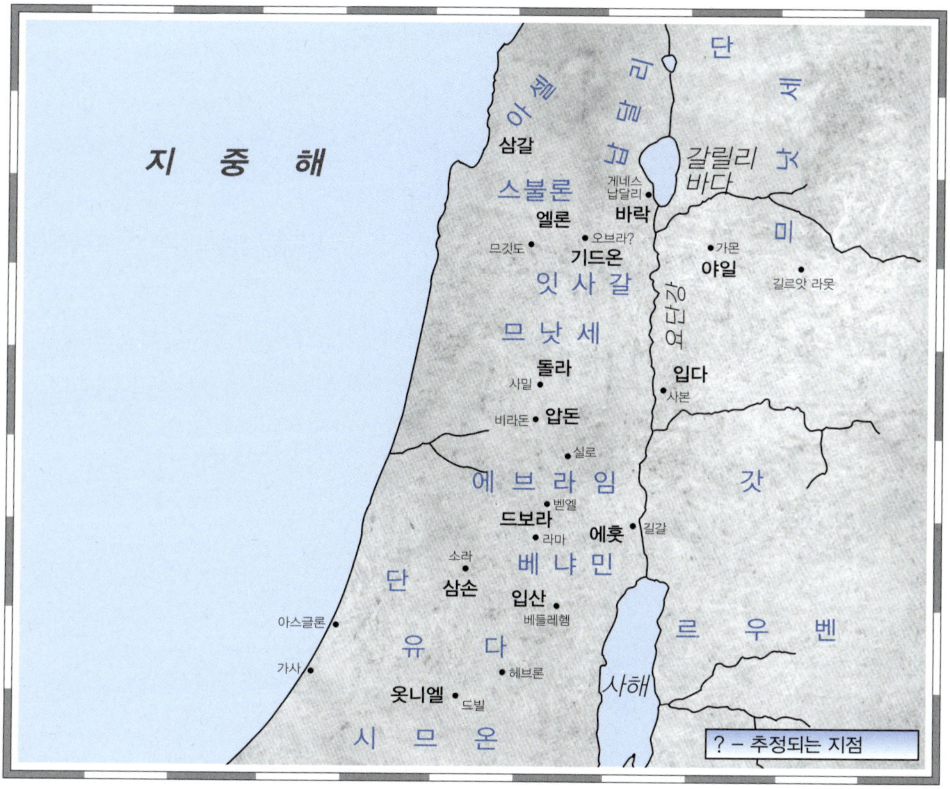

사사들의 시대[9]

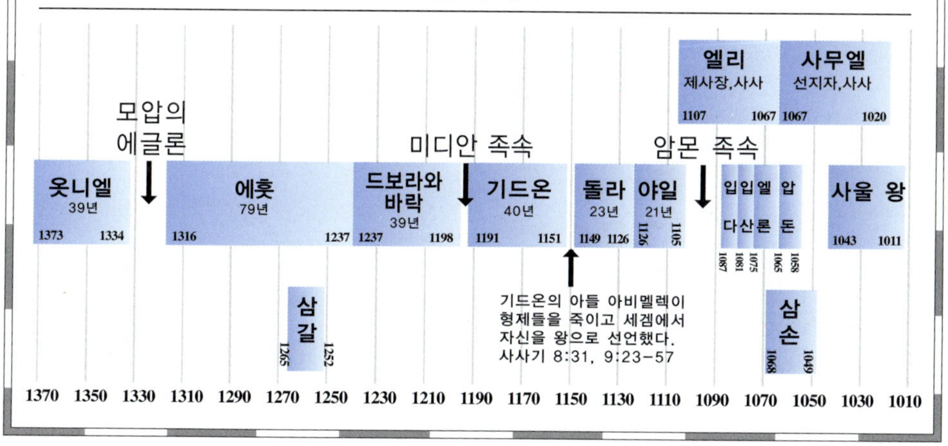

9)『프리셉트성경』, p.359-2.

이스라엘을 구원한 12사사

1. 옷니엘(수 15:17; 삿 1:11–13, 3:7–11)

특징:

· 갈렙의 아우이며, 그나스의 아들로 유다 지파 출신.
· 갈렙의 뒤를 이어 헤브론을 공격한 믿음의 용사.
· 갈렙이 헤브론을 칠 때에 함께 (   )을 공격하여 취하고 갈렙의 딸 악사를 아내로 맞이함.
· (   )에 의해서 이스라엘이 8년간 압제를 받고 있었음.
· (   ) 동안 사사로 일했고 이스라엘이 태평함.

하나님의 뜻:

---

2. 에훗(삿 3:12–30)

특징:

· 베냐민 지파 게라의 아들.
· 왼손잡이 사사로 유명.
· (   )이 압제함.
· 이스라엘이 에글론 왕에게 공물을 바칠 때에 책임자로 있었음.
· 에글론 왕을 칼로 죽이고 이스라엘 백성을 불러 요단강 나루에서 모압 용사 약 만 명을 죽임.
· 모압이 이스라엘에 복속되고 (   ) 년 동안 평온함.

하나님의 뜻:

---

3. 삼갈(삿 3:31)

· 아낫의 아들로 소 모는 막대기를 이용하여 ( ) 육백 명을 죽임.

4. 드보라(삿 4:1–5:31)

특징:

· 랍비돗의 아내로 여선지자임.
· 라마와 벧엘 사이의 '드보라의 종려나무'에서 재판을 함.
· ( )가 이십 년 동안 압제함.
· 아비노암의 아들 ( )을 불러 납달리 자손과 스불론 자손 만 명으로 ( )을 치게 함.
· 이스라엘이 사십 년 동안 평온함.
· 전쟁은 하나님께 속한 것과 하나님을 대적하는 자의 최후를 노래함(5장 드보라와 바락의 노래).

하나님의 뜻:

5. 기드온(삿 6:1–8:28)

특징:

· 므낫세 지파 아비에셀 사람 요아스의 아들.
· 포도주 틀에서 밀을 타작하다가 하나님의 사자로부터 소명을 받고 그날 밤 바알의 단을 헐고 아세라 상을 찍음. 이 일로 ( )이라는 별명을 얻음.
· 이스라엘은 ( )를 받고 있었고 파종 때마다 미디안, 아말렉, 동방 사람들에게 약탈을 당함.
· 미디안을 치라는 명령에 ( )로 하나님의 뜻을 확인함.

· 미디안을 치기 위해 삼만 이천 명의 백성이 모였으나 단 (   )으로 승리를 얻음.
· 미디안의 두 왕 세바와 살문나를 사로잡아 죽임.
· 이스라엘 백성을 다스리라는 요구를 물리침.
· 이스라엘이 (   ) 년 동안 평온함.

하나님의 뜻:

6. 돌라(삿 10:1–2)

· 잇사갈 사람 도도의 손자 부아의 아들.
· 에브라임 산지 사밀에 거주하며 (   ) 년간 이스라엘의 사사로 있었음.

7. 야일(삿 10:3–5)

· 길르앗 사람으로 (   ) 년간 사사로 있음.
· 삼십 명의 아들이 있었는데 어린 나귀 삼십을 탔고 삼십 성읍을 가지고 있었음.

8. 입다(삿 11:1–12:7)

특징:
· 길르앗 사람으로 (   )의 아들임.
· (   )과의 싸움에서 이십 성읍을 치고 그들에게 항복을 받아냄.
· 하나님께 드린 서원으로 인해 자신의 딸을 번제로 바침.
· (   ) 년 동안 사사로 있음.

하나님의 뜻:

....

....

9. 입산(삿 12:8–10)

· 베들레헴 사람.
· 아들과 딸을 삼십 명씩 두었고 모두 타국인과 결혼시킴.
· 칠 년 동안 사사로 있음.

10. 엘론(삿 12:11–12)

· 스불론 사람.
· 십 년 동안 사사로 있음.

11. 압돈(삿 12:13–15)

· 비라돈 사람 힐렐의 아들.
· 아들 사십과 손자 삼십 명을 두었고 팔 년간 사사로 있었음.

12. 삼손(삿 13:1–16:31)

특징:
· 단 지파 마노아의 아들.
· 태어나기 전에 이미 (   )으로서 블레셋 인들에게서 구원할 인물로 지목됨.
· (   )에서 큰 힘이 솟아나는 사사.
· 블레셋 아내를 얻는 과정에서 나귀의 턱뼈로 블레셋인 천 명을 죽임.
· 들릴라의 계교에 속아 블레셋 인들에게 잡혔으나 신전을 무너뜨림으로 삼천 명과 함께 죽음.
· 이스라엘의 사사로서 이십 년간 있음.

하나님의 뜻:

그 외의 사사

1. 엘리(삼상 1:9–4:22)

특징:
· 영안이 어두웠던 사사로 두 아들 홉니와 비느하스가 하나님께 범죄하였음.
· 블레셋과의 전투에서 법궤를 빼앗기고 두 아들을 잃고 이 충격으로 죽음.

하나님의 뜻:

2. 사무엘

특징:
· 에브라임 사람 엘가나와 한나의 아들.
· 지도자의 타락과 백성의 타락으로 혼란한 시대였음.
· 블레셋으로부터 백성을 구원함.
· (   )을 왕위에 세움으로 왕정시대를 열었음.
· (   ) 부흥회로 백성을 회복시킴.

하나님의 뜻:

정리해 봅시다

1. 주요 사사들의 활동과 특징

사사	성구	업적	기간
옷니엘	삿 3:7–11		40년
에훗	삿 3:12–30		
삼갈	삿 3:31		
드보라	삿 4:1–5:31		
기드온	삿 6:1–8:28		
입다	삿 11:1–12:7		6년
삼손	삿 13:1–16:31		

2. 사사기 전체의 교훈

1) 백성의 범죄는 반복적이다.

2) 범죄는 징벌을 가져왔다.

3) 이스라엘 백성이 하나님께 부르짖을 때 하나님은 (　　　　　)를 보내 주셨다.

4) 하나님께서 세우신 사사들은 그 자신의 능력이 탁월한 것이 아니라 하나님께서 다만 그를 선택하여 사용하셨던 것이다.

5) 사사기에는 (　　　　　　　　　)의 역사와 (　　　　　　　　　　　　) 이 잘 나타나 있다.

제 8 과 단일왕국시대

【 왕을 가진 백성 】

"너희가 만일 여호와를 경외하여 그를 섬기며 그의 목소리를 듣고 여호와의 명령을 거역하지 아니하며
또 너희와 너희를 다스리는 왕이 너희의 하나님 여호와를 따르면 좋겠지마는
너희가 만일 여호와의 목소리를 듣지 아니하고 여호와의 명령을 거역하면
여호와의 손이 너희의 조상들을 치신 것 같이 너희를 치실 것이라"(삼상 12:14-15)

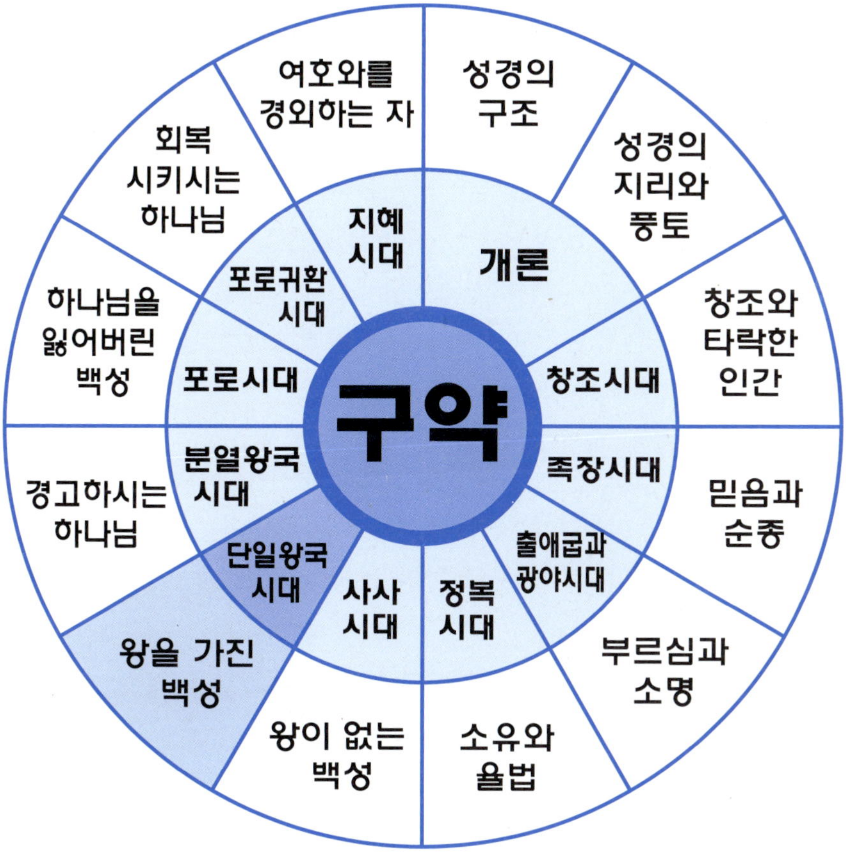

확인해 봅시다

삼손과 이스라엘의 역사가 우리들에게 주는 교훈

1. 죄악 된 세상의 현실들과 깊게 관련 맺는 것은 ....
2. 우리는 ....
3. 하나님께 불순종하는 것이 ....
4. 우리는 우상과 부도덕성을 ....
5. 하나님은 진정한 구원의 요청에 ....
6. 하나님은 우리가 하나님께 삶을 돌리고 회개할 때 ....

....

7. 하나님의 긍휼과 인내는 ....

배워 봅시다

시대적으로 볼 때 이 시기를 '단일왕국시대'라고 부릅니다. 하나님의 마지못한 허락 하에 주변 국가처럼 왕정체제로 넘어간 이스라엘은, 하나님의 마음에 합한 다윗 왕 때에는 국가가 번성하였으나 솔로몬의 우상 숭배로 분열의 위기에 봉착하게 됩니다.

이 시대를 이해하기 위해 우리가 빼놓을 수 없는 인물이 사무엘입니다. 왜냐하면, 왕정국가로의 전환에 결정적인 역할을 한 인물이 사무엘이기 때문입니다. 사무엘은 엘리에 이어 대제사장이 된 인물로, 성경적으로는 마지막 사사로 기록되어 있으며 초대 왕이었던 사울과 이스라엘의 가장 위대한 왕 다윗에게 기름을 부었던 인물입니다.

1. 사무엘의 출생과 사역 – 마지막 사사이자, 선지자 시대의 개막

사무엘상 1–3장은 사사시대의 종말에 대한 기록으로서, 사사기에 나타난 일반 백성의 타락을 넘어서 하나님의 전에서 사역을 하는 제사장들까지도 타락해 버린 것을 기록하고 있습니다. 사회의 모든 면이 철저하게 타락해 버린 세대에 하나님의 말씀을 대변할 권위 있는 선지자가 필요하게 되었고, 이때 부름 받은 자가 바로 사무엘이었습니다. 이때부터 선지자들의 시대가 시작됩니다.

선지자 시대의 시작

선지자 시대는 가장 타락한 시대에 시작되었다. 하나님의 말씀이 가장 필요한 때는 어두움이 짙을 때이다. 우리가 그리스도인임이 가장 명확하게 드러나는 곳은 교회가 아니고 세상이 되어야 한다는 말과 일맥상통한다.

'사무엘'이라는 이름은 '여호와께 구하였다'라는 뜻을 가지고 있습니다. 사무엘의 출생의 배경을 아는 사람에게는 어렵지 않게 이해가 되는 이름입니다. 무자(無子)하였던 여인 한나가 기도로 구하였을 때 아이를 가지게 되었고, 한나는 서원(誓願)한 아들을 하나님께 바쳤습니다(삼상 1:10–11, 27–28).

여기에서 우리는 하나님의 섭리를 알게 되는데, 그것은 새로운 시대에 새로운 사람을 하나님이 사용하고 계시다는 것입니다. 당시의 제사장이란 하나님 앞에서 백성의 죄를 중보하는 사람이었습니다. 백성이 타락하고 죄가 관영한 사사시대에 이 제사장들을 통하여 그들의 죄가 사함을 받을 수 있었습니다. 하지만 이들 제사장들의 타락은 이스라엘이 하나님으로부터 사함 받을 수 있는 마지막 기회마저 상실케 하였습니다. 그러나 하나님의 자비하심은 이스라엘을 포기하신 것이 아니라 위대한 인물 사무엘을 통하여 구원 사역을 감당케 하셨습니다.

제사장의 타락

시대의 마지막 보루는 성직자이다. 그런데 성직자마저 타락했다는 것은 그 시대가 희망이 없음을 단적으로 보여 주는 것이다. 사무엘 당시의 제사장은 엘리로, 그에게는 홉니와 비느하스라는 두 아들이 있었다. 그들은 엘리와 같은 제사장 반열에 있었으나 여호와의 제사를 멸시하고, 회막 문에서 수종 드는 여인들과 동침하였다(삼상 2:12-22). 그러나 엘리는 이 아들들의 잘못을 징계치 않았다(삼상 2:23-25).

구약시대에는 제사장들이 특별하게 구별되어 있었지만 신약시대에는 하나님을 믿는 성도가 모두 제사장이라고 말씀하고 있다. 예수님께서 십자가에서 돌아가실 때 성소와 지성소를 가리고 있던 휘장이 갈라지며 우리가 하나님께 나아갈 수 있는 길이 열리게 되었다.

베드로전서 2:9에는 다음과 같은 말씀이 있다. "그러나 너희는 택하신 족속이요 왕 같은 제사장들이요 거룩한 나라요 그의 소유가 된 백성이니 이는 너희를 어두운 데서 불러 내어 그의 기이한 빛에 들어가게 하신 이의 아름다운 덕을 선포하게 하려 하심이라." 이 시대의 마지막 보루는 택하심을 받은 우리들 자신이다. 그러므로 우리에게 부여된 왕 같은 제사장의 직분을 잊지 말아야 하겠다.

2. 왕을 요구하는 이스라엘 백성

이스라엘 백성이 왕을 요구한 것은 근본적으로 하나님의 통치를 싫어하고 열방과 같이 되고자 했기(삼상 8:7) 때문입니다. 또한 부수적인 이유가 있다면 사무엘이 늙게 되자 그의 아들들의 부정과 불의에 대비하기 위함이었습니다. 이에 사무엘은 왕은 세금을 인상할 것이며, 백성을 징용해 가고, 개인의 자유를 제한할 것이라고 경고하였습니다(삼상 8:10–18). 또한 하나님께 순종하는 왕은 백성을 이로운 길로 인도하겠지만 불순종하는 왕은 비극적인 결과로 그들을 인도할 수 있음도 말하였습니다.

그러나 고집스러운 백성은 거듭된 경고에도 듣기를 거절하고 왕을 요구하였습니다. 이제 왕을 요구하는 이스라엘 백성과 하나님의 관계 사이에 문제가 생기게 된 것입니다. 이스라엘의 종교적 이상은 하나님께 복종하고 화목하게 사는 것이었습니다. 모세와 여호수아, 그리고 사무엘과 같은 지도자들은 하나님이 히브리 민족의 왕이 되실 것을 바랐었습니다. 그들의 안전(安全)이 하나님의 손에 달려있다는 것을 알고 있었기 때문입니다.

그러나 이스라엘 백성은 아담과 하와처럼 불순종하였고, 두려워하였으며, 허약하였고, 하나님으로부터 이탈된 상태에 있었습니다. 그들은 가인처럼 서로 반목하였고 또 질투하였습니다. 그들은 바벨탑을 쌓은 사람들처럼 미래를 보장할 수 있다는 교만을 떨었습니다. "그 때에 이스라엘에 왕이 없으므로 사람이 각기 자기의 소견에 옳은 대로 행하였더라"(삿 21:25)고 말씀하고 있습니다.

이제 왕을 요구하는 이스라엘의 입장과 하나님의 입장을 정리해 봅시다.

· 이스라엘의 입장(삼상 8:5): ....

· 하나님의 입장(삼상 8:7, 9): ....

3. 왕국의 확립과 초대 왕 사울(삼상 8–31장) – 외적인 훌륭한 조건에도 불구하고 불순종으로 버림받은 사람

이제 왕국이 확립되었습니다. 하나님께서는 사무엘로 하여금 베냐민 지파의 사울을 왕으로 뽑으셨습니다. 우리들은 흔히 사울을 다윗과 비교하여 부정적인 이미지로 생각하지만, 그는 나름대로 왕이 될 만한 조건을 갖추고 있는 사람이었습니다.

· 외적인 면에서(삼상 9:2, 21): ....

· 종교적인 면에서(삼상 19:23–24): ....

....

그러나 이스라엘이 진정으로 필요로 하는 것은 준수한 외모나 종교성이 아니라 '믿음과 순종'임을 다시 한번 확인합니다. 다시 말하면, 사울이 가지고 있는 좋은 조건들에도 불구하고 그는 하나님께 대한 불신과 불순종으로 버림을 받고 몰락하게 됩니다.

사울을 몰락하게 만든 네 가지 문제

1) 불신과 불순종(삼상 13장): ....

....

2) 자의적 신앙(삼상 15장): ....

....

....

3) 질투로 인하여 하나님의 섭리에 반항(삼상 18:6–16): ....

....

4) 형식적 신앙(삼상 28:3–7): ....

순종과 제사 중 어느 쪽?

여기에서 그 유명한 “순종이 제사보다 낫다”(삼상 15:22)는 말이 등장한다.
자기 나름대로는 의미를 가지고 행한 일일지는 모르나 하나님의 뜻과 일치하지 않는다면 비극일 것이다. 문제는 얼마나 열심히 사느냐는 것이 아니라, 하나님의 뜻대로 사느냐는 것이다.

사울, 다윗, 솔로몬 통치하의 통일 왕국[10)]

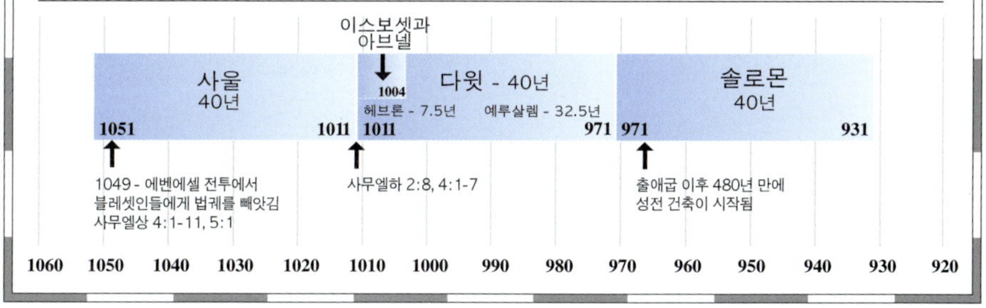

4. 다윗(삼상 15장–삼하 24장) – 약점이 있음에도 불구하고 영적인 부분과 정치적인 부분에서 가장 균형 잡힌 왕

다윗은 이새의 여덟 번째 막내아들이요, 양치는 목동이었으며, 보잘것없는 외모의 소유자였습니다. 그래서 사무엘이 이새의 아들 중 하나에게 기름을 부으라는 하나님의 명령을 듣고 찾아갔을 때 다윗은 아예 마음에 두지도 않았습니다. 그러나 여기에서 그 유명한 **“하나님은 마음의 중심을 보신다”(삼상 16:7)**는 말씀이 등장합니다.

다윗은 기름 부음을 받은 후에도 오랜 기간을 왕으로 세움 받지 못했습니다. 오히려 그 유명한 블레셋과의 전투에서(삼상 17–18장) 골리앗을 죽이고 난 후에 사울의 질투로 인해 목숨을 건 망명생활에 들어가야만 했습니다. 이 기간을 우리는 다윗의 훈련기간이라 부를 수 있을 것입니다.

---

10) 『프리셉트성경』, p.407–3.

사울의 박해 아래 피난의 세월을 보내는 동안 다윗은 불안과 두려움의 깊은 골짜기를 지나면서 **하나님을 믿고 순종하는 법을 배웠습니다.** 이때 그는 아름다운 시편을 많이 기록하였습니다.

다윗의 장점

1) 다윗의 성품(삼하 1장) – 사울의 가정이 몰락되는 것을 슬퍼하는 다윗의 행위에서 그의 아름다운 성품을 찾아볼 수 있습니다. 대적에 대한 연민의 정과 사랑으로부터 하나님의 마음에 합한 다윗의 모습이 드러납니다.

2) 하나님 중심(삼하 5–6장) – 다윗은 왕이 된 후 예루살렘을 정치, 종교의 중심지로 만들었습니다. 사울이 언약궤에 무관심했던 반면, 다윗은 통치를 시작하면서 가장 먼저 이 부분에 관심을 가졌고, 예루살렘으로 언약궤를 가져옴으로 하나님에 대한 자신의 태도를 분명히 보여 주었습니다.

3) 다윗과의 언약(삼하 7장) – 다윗은 자신의 궁전을 지은 후 하나님의 궤가 아직 장막에 그대로 있는 것을 민망히 여겨 성전을 건축할 것을 제안했습니다. 그러나 하나님께서는 그가 전쟁에서 피를 많이 흘린 까닭에 허락하지 않으셨습니다(대상 22:8, 28:3). 대신 하나님께서는 다윗을 칭찬하시고 그와 언약을 맺으셨는데, 그것은 아브라함과 맺은 언약을 다윗의 후손을 통하여 이루실 것을 약속하신 것입니다(삼하 7:8–16).

◎ 사무엘하 7:8–12에 나와 있는 약속을 적어 봅시다.

4) 다윗의 선행(삼하 9장) – 므비보셋은 요나단의 아들로 두 발 모두 절뚝발이었다고 기록되어 있습니다. 그런데 다윗은 그에게 사울의 모든 밭을 주고 왕궁에서 살도록 했습니다. 또한 자신의 상에서 같이 밥을 먹도록 하였으며, 자기의 아들들과 똑같이 대우하였습니다.

다윗의 범죄(삼하 11장)

하나님께로부터 오랜 기간동안 훈련을 받고 왕위에 오른 다윗은 승승장구하며 하나님의 축복을 받는 생활을 하였고, 전 이스라엘은 큰 복을 누리게 되었습니다. 그러나 그때 다윗은 자신과 백성의 운명을 바꾸어 놓는 범죄를 저지르게 됩니다.

다윗의 범죄 내용은 마치 주간지의 내용을 읽는 것과 흡사하다.

"예루살렘의 4월은 아름답다. 저녁에는 도시가 향기로 가득찬다. 그러나 4월은 전쟁철이기도 하다. 추운 겨울이 지나고 우기도 지났다"(삼하 11:1).

이스라엘 군대는 모두 전쟁터에 나가 있었으나 총지휘관 다윗 왕은 전쟁터에 나가지 않고 안락한 궁중에서 지휘를 하고 있었다. 중년에 접어든 다윗 왕은 옥상에서 산책을 하다가 심복 우리아의 아내가 오후의 햇볕을 받으며 목욕하고 있는 아름다운 모습을 내려다보게 된다. 낭만의 밤, 원치 않던 임신, 걱정하는 대화, 엄폐 작전. 이 엄폐작전이 들어맞아 우리아는 전선에서 적의 손에 죽게 된다. 그러자 다윗 왕은 선지자 나단으로부터 불의한 자에 대한 이야기를 듣게 되고, 나단 선지자는 왕에게 손가락질을 하며 "당신이 그 사람이라"(삼하 12:7)는 말을 한다.

다윗은 이스라엘 역사에 있어서 많은 공헌을 남긴 사람이다. 타고난 지도자요 군인인 다윗은 또한 이스라엘을 통일시킨 뛰어난 정치인이었다. 다윗은 또한 하나님의 사람이었다. 그는 강한 믿음을 가졌으며, 하나님께 대한 그의 충성심은 의심할 여지가 없었다. 그러나 다윗은 죄를 범하였다.

◎ 그가 범한 죄는 무엇일까요?

제6계명 ....

제7계명 ....

제9계명 ....

제10계명 ....

◎ 범죄의 연계

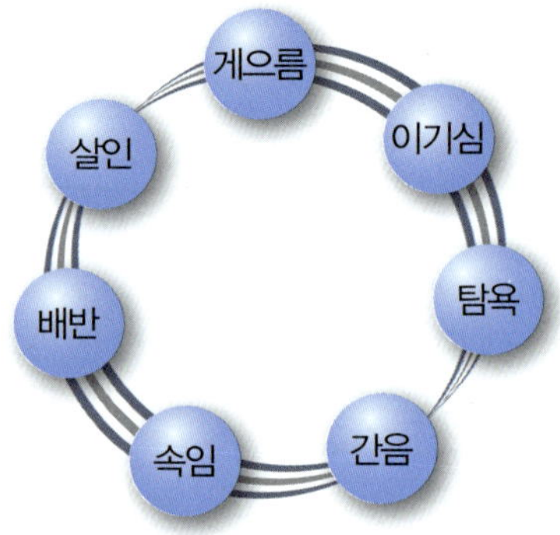

다윗의 고난과 하나님의 심판(삼하 12–20장)

1) 심판의 예언(삼하 12:10–14): 나단 선지자를 통한 심판의 예언

· 칼이 그 집에서 떠나지 않을 것

· 다른 사람이 그 처들을 범할 것

· 밧세바에게서 난 아들이 죽을 것

2) 다윗이 받은 심판(삼하 12:15–20:26)

· 밧세바가 낳은 아들이 죽음(12:15–18)

· 딸 다말이 아들 암논에 의해 강간을 당함(13:7–19)

· 셋째 아들 압살롬이 장남 암논을 죽이고 왕위를 탐냄(13:28–29)

· 압살롬이 왕위를 노리고 반란을 일으킴(15:12–14)

· 압살롬이 다윗의 후궁들을 공중 앞에서 강간함(16:21–22)

· 압살롬과 다윗의 전쟁으로 압살롬이 죽음(18:14–15)

- 다윗의 뼈저린 슬픔(18:33–19:4)
- 베냐민 사람 세바의 반역으로 유다 지파를 제외한 모든 사람들이 돌아섬(20:1–2)
- 넷째 아들 아도니야의 반역(왕상 1:5–7)

징벌을 받는 다윗의 태도 – 전적인 순종

- 언약궤 앞에서(삼하 15:25–26) ______________________
- 시므이의 저주 앞에서(삼하 16:11) ______________________

이 기간 동안 다윗은 아름다운 시편을 기록했습니다. 이 모든 상황에서 하나님을 신뢰하는 다윗의 성품이 드러납니다.

5. 솔로몬(왕상 1–11장) – 최고의 영화와 번영을 누렸으나, 범죄와 우상 숭배로 왕국 분열의 원인을 제공

솔로몬은 부자로 태어났습니다. 요즘의 젊은이들이 차를 좋아하는 것처럼, 그는 애굽에서 병거를 구입하였고, 아라비아에서 말을 들여왔습니다. 그의 말을 위한 마구간은 3만개나 있었고, 수영장, 여름 휴양지, 동계궁 등을 짓고 호화스러운 생활을 하였습니다. 스바의 여왕까지도 내방을 하여 솔로몬 궁정의 화려함을 구경하였습니다(왕상 10장). 아내들은 지위의 상징이었는데 그는 700명의 후궁과 300명의 첩이 있었고(왕상 11:3), 그중에 많은 후궁들은 정치적으로 얻은 후궁들이었습니다. 결혼을 통하여 이방국가들과 친화를 유지하였으며, 그의 가족과 궁중요인들을 먹이기 위하여 하루에 백 마리의 양과 삼십 마리의 소가 필요하였다고 성경은 증거하고 있습니다.

솔로몬의 통치기간 중 이스라엘은 경기가 좋았습니다. 상업이 번성하고 건축 붐이 일어나고 국가 경제가 하늘로 치솟았습니다. 솔로몬은 또 전국에서 지식인들을 모아 지혜 학당을 설립하였습니다. 전국에서 솔로몬은 정부청사 건축에 열을 올렸습니다. 그는 백성을 근로수용소에 동원시켰고, 사무엘의 경고대로 세금을 인상하였습니다. 솔로몬 왕은 군을 확장시켰으며, 해군을 창설하였습니다. 그는 레바논의 산림을 벌목하여 들여옴으로써 예루살렘에는 백향목이 흔하게 되었습니다. 솔로몬 왕국의 명성은 전 세계의 화젯거리였습니다. 그러나 그러한 왕국이 무너지기 시작하자 견잡을 수 없었습니다. 백성은 징용에 지치게 되었고, 관료제도에 싫증을 느끼게 되었으며, 수도에 있는 관리들의 교만에 불만을 가지게 되었습니다.

솔로몬의 문제는 하나님과의 관계에 있었습니다. 솔로몬의 죽음과 함께 왕국은 쇠퇴하기 시작하였습니다. 왕국은 남과 북으로 분열되어 영적인 면에서나 정치적인 면에서 일체감을 잃게 되고, 후에는 강대국의 군화에 짓밟히고 맙니다.

성전

이스라엘 백성이 광야에서 40년을 지내는 동안 하나님께서는 장막에 거하시면서 이스라엘 백성과 함께하셨다. 이 장막은 다윗에 의해 처음으로 계획되고 솔로몬에 의해서 완성된 성전 이전에 하나님께서 거처하시는 곳이었다.

처음에는 실로에 성막을 지었으며(수 18:1) 다음에 기드온으로(대상 21:29) 그다음에는 다윗 성으로 성막을 옮겼다(삼하 6:12).

하나님을 섬김에 있어 특심했던 다윗은 자기는 궁전에 거하면서 여호와의 궤는 휘장 밑에 두고(대상 17:1; 삼하 7:1–2) 이 장막에서 저 장막으로 옮기는 것을 송구스러워(대상 17:4–5; 삼하 7:6) 했고 이에 다윗은 성전을 짓고자 원했으나 전쟁으로 피를 많이 흘린 그에게 하나님께서는 성전 건축을 허락치 않으셨다(대상 22:8, 28:3; 왕상 5:3). 결국 그는 하나님의 지시에 따라 아들 솔로몬 왕에게 성전 건축을 부탁하면서(대상 22:10–11, 19) 성전 건축을 위해 준비한 금 십만 달란트, 은 백만 달란트, 놋과 철, 재목들을 솔로몬에게 남긴다(대상 22:1–5, 14).

1) 솔로몬 성전 건립

솔로몬 왕은 B.C. 957년 모리아 산에서 성전을 건축하기 시작하여 7년 만에 완공했다. 이 성전 건립에만 소요된 감독자가 3,300명, 동원된 인부가 10만 명이었다. 특히 두로 왕 히람으로부터 일꾼과 건축자재를 받아 건축했는데, 길이가 60규빗, 너비가 20규빗, 높이가 30규빗에 해당하는 건물이었다(왕상 5–7장; 대하 3–4장).

솔로몬 성전은 규모나 들인 노력, 아름다움 등에서 당시의 어느 건물보다 훌륭하게 지어졌다. 특히 거대하고 웅장한 기물들이 많았는데 이러한 기물은 두로의 히람 또는 후람아비라고도 불리는 뛰어난 예기를 가진 사람에 의해서 만들어졌다. 그는 야긴과

솔로몬 성전[11)]

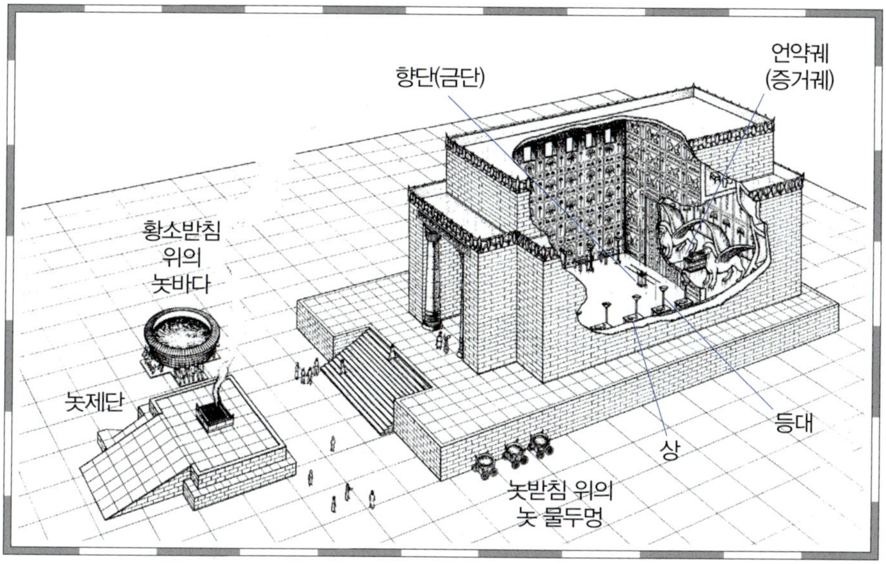

성전 기구들[11)]

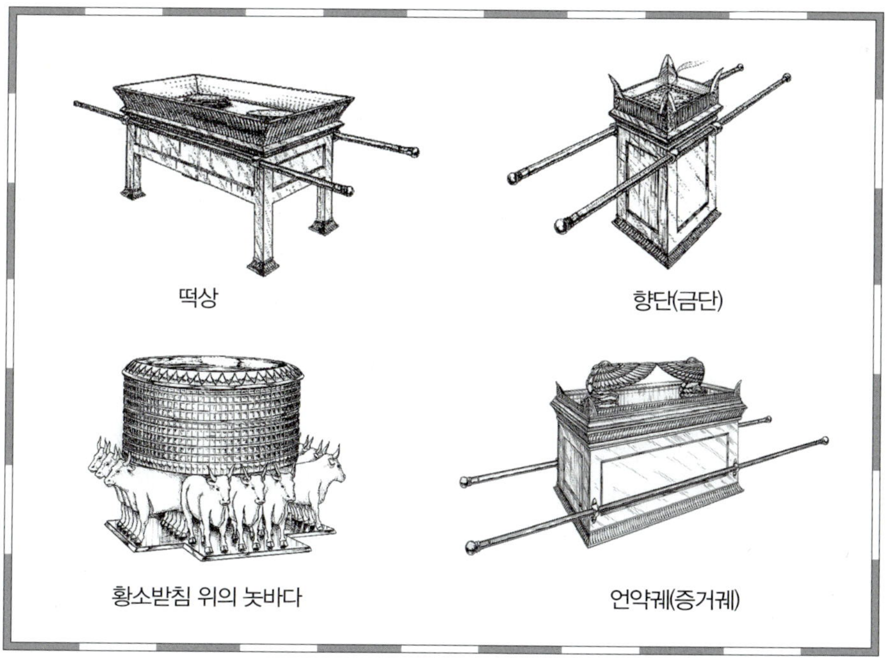

11) 『프리셉트성경』, p.519-1.

보아스라는 길이가 23규빗(12m)에 이르고 머리에는 백합모양과 수백 개의 석류로 장식된 거대한 기둥과 직경이 10규빗(5.2m), 높이가 5규빗(2.6m), 둘레가 30규빗(15.6m)이나 되는 거대한 '놋바다'도 만들었다.

또한 지성소 앞에는 금으로 장식된 백향목 제단이 있었고, 지성소 안으로 들어가 보면 금으로 장식된 두 개의 감람목으로 만든 거대한 그룹이 있었는데 그들의 높이와 펼친 두 날개의 길이는 모두 10규빗에 이르러 날개가 양쪽 벽에 닿아 있었고 언약궤는 그 두 그룹 사이에 있었다.

2) 솔로몬 성전의 파괴

이렇게 아름다운 성전도 헌납된지 34년, 솔로몬의 사망 후 불과 5년째 되던 해부터 성전의 영광은 쇠퇴하기 시작했다. 애굽 왕 시삭은 이스라엘을 공격하여 성전의 보물을 무수히 몰수해 갔고(왕상 14:25-26) 다른 많은 사람들은 성전의 성물을 훔쳐가서 바알에게 바쳤다(대하 24:7).

시삭 왕의 약탈 후 수 세기에 걸쳐서 신성모독 행위가 계속되다가 216년 후에 유다 아하스 왕이 성전의 남은 보화를 앗수르 디글랏 빌레셀 왕에게 뇌물로 바치고 다른 기물들도 자신 마음대로 처분했다(왕하 16:7-9, 17-18; 대하 28:24-25).

마지막으로 바벨론 왕 느브갓네살은 성전에 남아있던 소수의 보물마저 모두 약탈한 후 건물에 불을 지르고 만다(대하 36:18-19; 왕하 24:13, 25:9).

3) 이후의 성전

B.C. 539년 바사의 고레스 2세는 바벨론을 정복하고 왕국을 세웠는데, 다른 나라의 유배 정책과는 달리 사면령을 선포하여 모든 민족에게 고향으로 돌아가도록 했다. 이때 스룹바벨과 많은 사람들은 유다 예루살렘으로 돌아와 그곳에 있던 사람들과 함께 성전을 재건하기 시작했다.

B.C. 515년, 바사의 다리오 왕 6년 3월 3일에 성전이 재건되었다(스 6:15-22). '스룹바벨 성전' 또는 '제2의 성전'이라고 불리는 이 성전은 예전 솔로몬의 성전 터 위에 세워졌고 솔로몬의 성전보다 화려하지는 않지만 높은 평가를 받고 있다.

'헤롯 성전'은 주전 16년경에 파괴된 스룹바벨 성전의 대보수공사를 시작으로 1년 반 만에 건물만 완공되었고 주후 63년까지 공사가 계속되었다. 예수님께서 사역을 시작하실 때는 공사가 46년째 진행되고 있었음을 알 수 있다(요 2:20).

헤롯 성전은 하나님의 명령이 아니라 헤롯의 정치목적을 위해서 시작된 것으로 하나님의 임재하심보다 건축물의 장엄함과 우수함에 중점을 두었다. 그렇기에 안에서 행해지는 의식은 대부분 주님의 계시에 의하지 아니하고 사람이 임의로 만든 것으로 제사장의 오만과 강탈, 상인들의 이기적인 사욕으로 더럽혀졌다. 그러나 예수님은 성전을 아버지의 집으로 인정하셨음을 보여 주셨다(마 21:12).
헤롯 성전의 증축공사는 예수님의 승천 후에도 30년간이나 계속되었으나 거의 완공될 무렵, 로마의 장군인 디도(Titus)에 의해 완전히 소실되고 말았다.

◎ 이제 신명기 8:11–17을 읽고, 모세의 경고를 생각해 보시기 바랍니다. 그리고 솔로몬이 비참해 한 이유가 무엇인지를 생각해 보십시오.

11내가 오늘 네게 명하는 여호와의 명령과 법도와 규례를 지키지 아니하고 네 하나님
여호와를 잊어버리지 않도록 삼갈지어다 12네가 먹어서 배부르고 아름다운 집을 짓고
거주하게 되며 13또 네 소와 양이 번성하며 네 은금이 증식되며 네 소유가 다 풍부하게
될 때에 14네 마음이 교만하여 네 하나님 여호와를 잊어버릴까 염려하노라 여호와는
너를 애굽 땅 종 되었던 집에서 이끌어 내시고 15너를 인도하여 그 광대하고 위험한 광
야 곧 불뱀과 전갈이 있고 물이 없는 간조한 땅을 지나게 하셨으며 또 너를 위하여 단
단한 반석에서 물을 내셨으며 16네 조상들도 알지 못하던 만나를 광야에서 네게 먹이
셨나니 이는 다 너를 낮추시며 너를 시험하사 마침내 네게 복을 주려 하심이었느니라
17그러나 네가 마음에 이르기를 내 능력과 내 손의 힘으로 내가 이 재물을 얻었다 말할
것이라

정리해 봅시다

통일왕국시대의 세 왕의 특징과 교훈들을 간략하게 정리해 보십시오.

1. 사울

2. 다윗

3. 솔로몬

제 9 과 분열왕국시대

【 경고하시는 하나님 】

"또 내게 보이신 것이 이러하니라 다림줄을 가지고 쌓은 담 곁에 주께서 손에 다림줄을 잡고 서셨더니 여호와께서 내게 이르시되 아모스야 네가 무엇을 보느냐 내가 대답하되 다림줄이니이다 주께서 이르시되 내가 다림줄을 내 백성 이스라엘 가운데 두고 다시는 용서하지 아니하리니"(암 7:7–8)

확인해 봅시다

단일왕국시대의 중요한 인물들의 특징을 적어 봅시다.

1. 사무엘: ....

2. 사울: ....

3. 다윗: ....

4. 솔로몬: ....

배워 봅시다

분열왕국시대에 우리가 주목해서 보아야 할 것은 두 가지입니다. 하나는 분열의 이유가 무엇인지, 그리고 그 시대에 선지자(先知者)들이 무엇을 말하려고 했는지를 아는 것입니다.

1. 왕국 분열의 이유(왕상 10-14장)

솔로몬은 통일왕국을 다스린 이스라엘의 세 번째 왕이자 마지막 왕이 됩니다. 그는 다윗과 밧세바 사이에 난 자로 하나님의 전(殿)을 건축할 약속을 받은 사람입니다. 그는 하나님께 일천번제를 드리며 기도할 때, 지혜와 더불어 부와 영광을 약속 받았던(왕상 3장) 사람입니다. 즉위 4년째 봄에 성전 공사를 시작하여 7년 만에 완성하여 하나님께 드렸던 그는 국방에서, 명성에서, 부에서 누구도 이루지 못한 영화를 누린 사람이었습니다.

그러나 인생의 성공과 실패는 이 땅에서의 명성과 부로서 평가될 수 없는 것입니다. 그는 우상 숭배자로 타락하였으며 하나님의 말씀을 거역하고 말았습니다.

· 말을 많이 두지 말 것, 말을 사러 백성을 애굽으로 보내지 말 것(왕상 10:26–29).
· 아내를 많이 두지 말 것(왕상 11:2–13).
· 부를 많이 쌓지 말 것(왕상 10:14, 23, 27).

이제 하나님의 징계와 왕국의 분열이 예언되었습니다. 솔로몬은 죽고 다음 세대가 시작되었습니다. 솔로몬의 무거운 세금 아래서 고통 받던 백성은 그 아들 르호보암이 세금을 경감하여 선정을 베풀기를 원했습니다. 그러나 르호보암은 지혜롭지 못하게 노인들의 진언을 버리고 젊은이들의 제안을 따라 백성을 위협합니다. 이 일로 말미암아 왕국은 남북으로 분열되었고 르호보암은 18만의 병력을 동원하여 통일왕국을 유지하려 했으나 선지자 스마야의 말을 따라서 포기합니다. 열왕기상 11–14장까지 등장하는 왕국분열의 이유들은 다음과 같습니다.

1) 유다 지파가 강성해 지파 간의 연합이 이루어지지 못하고 다른 지파들이 소외됨
2) 애굽의 왕 시삭이 솔로몬의 통치에 반대하는 인사들을 후원하여 솔로몬 왕국에 반체제 세력을 강화시킴
3) 르호보암의 그릇된 야망과 백성의 신임을 잃음

르호보암과 여로보암

르호보암은 '백성을 번성케 함'이라는 뜻을 가지고 있다. 그는 암몬 여인 나아마와 솔로몬 사이에 태어났다(왕상 14:21). 주전 931년에 솔로몬이 죽자 이스라엘의 열두 지파의 대표는 세겜에 모여 법적 후계자인 르호보암을 왕으로 추대하였다. 그러나 여로보암을 주축으로 한 북이스라엘의 열 지파의 대표와 회중은 여러 가지로 르호보암의 즉위를 못마땅하게 여기던 중 어느 날 그를 찾아가 다음과 같이 진정한다.
"왕의 아버지가 우리의 멍에를 무겁게 하였으나 왕은 이제 왕의 아버지가 우리에게 시킨 고역과 메운 무거운 멍에를 가볍게 하소서 그리하시면 우리가 왕을 섬기겠나이다" (왕상 12:4).
이 말은 솔로몬이 왕궁과 성전건축, 그리고 성벽수축을 위하여 인력동원은 물론 백성들에게 지나친 세금부담을 주어 곤궁에 빠지게 했으니 당신은 부디 짐을 좀 가볍게 해달라는 요청이었다.

이 탄원을 들은 르호보암은 솔로몬을 섬기며 나라를 다스렸던 원로들을 초청해 의견을 물었다. "대답하여 이르되 왕이 만일 오늘 이 백성을 섬기는 자가 되어 그들을 섬기고 좋은 말로 대답하여 이르시면 그들이 영원히 왕의 종이 되리이다"(왕상 12:7).

이와 같은 탄원과 권고에도 불구하고 르호보암의 자세는 완강했다.

"내 아버지께서 너희에게 무거운 멍에를 메게 하였으나 이제 나는 너희의 멍에를 더욱 무겁게 할지라 내 아버지는 채찍으로 너희를 징계하였으나 나는 전갈 채찍으로 너희를 징계하리라"(왕상 12:11).

그는 부왕처럼 사치욕과 허영심에 눈이 어두워 많은 첩과 함께 호화스러운 생활을 하다가 결국 애굽 왕 시삭의 침략을 받아 왕궁의 보물과 재물을 다 빼앗기고 만다. 하나님의 뜻과 백성의 소리를 저버린 한 독재자의 마지막이 어떠하다는 것을 우리는 그에게서 배울 수 있다.

여로보암은 '백성이 많음'이라는 뜻을 가지고 있다. 그는 이스라엘의 초대 왕이며 에브라임 족속 스레다 사람 느밧의 아들로 모친은 스루아라고 기록되어 있다(왕상 11:26).

솔로몬이 밀로를 건축할 때 공사 감독관이 되었다가 솔로몬의 가혹한 정치를 보고 나올 때에 선지자 아히야를 만났다. 아히야는 "네가 장차 이스라엘 열 지파의 왕이 되리라"고 예언하였고, 솔로몬이 이것을 알고 죽이려하므로 애굽으로 도망하여 시삭 왕에게 위탁하게 되었다(왕상 11:27–40).

그 후 솔로몬이 죽었다는 소식을 듣고 돌아와서 어리석은 르호보암의 실정을 틈타 북방 열 지파의 지지를 받아 왕위에 오른다(왕상 12:20). 그는 백성이 여호와를 섬기기 위하여 예루살렘 성전으로 가는 것이 장차 자기를 배반할 염려가 있다 하여 금송아지 두 개를 만들어 하나는 북방 단에 두고 다른 하나는 남방 벧엘에 두어 그것을 섬기게 하였다. 예루살렘 성전에 올라가지 못하게 하여 국가의 분립에 따라 종교까지 분립하려 했던 의도였다.

이것은 자신이 하나님을 배반하는 죄가 될 뿐만 아니라 백성을 죄에 빠뜨리는 행동이 되었다(왕상 12:25–33). 여호와는 그 죄악의 보응으로 그 집을 쳐서 그 아들 아비야를 죽이셨으며, 여로보암은 재위 22년 만에 죽고 그 아들 나답이 계위하였으나 재위 2년에 죽는 동시에 그 왕조는 아히야 선지자의 예언대로 망하고 만다(왕상 14:17–20, 15:25–28).

◎ 두 사람의 이야기가 우리들에게 주는 교훈이 있습니다. 두 사람 모두에게 기회가 주어져 있었다는 것입니다. 결국 자신들에게 주어진 거룩한 기회를 활용하지 못할 때, 비참한 인생을 살 수밖에 없었던 분열왕국의 초대 왕들의 이야기입니다.
혹시 여러분은 자신에게 주어진 기회를 제대로 활용하지 못하여서 낭패를 보았던 경험들이 있습니까? 그렇다면 함께 나눠 봅시다.

2. 북왕국 이스라엘

북왕국 이스라엘은 여로보암을 통해 세워졌습니다. 여로보암은 르호보암의 그릇된 야망으로 돌아선 백성을 규합하여 나라를 세웠습니다. 그러나 그는 하나님의 계명과 율법을 범하였고 계속되는 경고에도 아랑곳하지 않고 죄를 저질렀습니다. 그리고 북왕국 이스라엘의 역사는 조상들이 심어 놓은 파멸의 열매를 거두는 것으로 나타나게 됩니다. 한 사람의 운명, 또는 한 나라의 운명은 무엇을 심든지 그대로 거두는 것이 삶의 원리입니다. 여기에서는 중요한 왕들에 대해서만 살펴보겠습니다.

1) 여로보암의 죄(왕상 12:25–14:20)

· 백성의 마음이 유다로 향할 것을 두려워하여 새로운 제사법 제정.
· 하나님의 경고를 무시(벧엘에서 분향하는 왕을 책망, 아들이 병들었을 때 책망하며 파멸을 예언).

2) 오므리 왕조와 아합의 통치 – 선지자 엘리야와 엘리사(왕상 16:29–22:40)

수도를 '디르사'에서 '사마리아'로 옮기고 북왕국의 번성기를 열었던 '오므리' 왕과 그의 아들 아합도 북왕국 이스라엘에서는 빼놓을 수 없는 왕들입니다. 나라는 부강하게 만들었지만, 온 백성으로 하여금 이방의 우상, 특히 아합의 왕비였던 이세벨을 통해 들어온 두로와 시돈의 우상 바알과 아세라를 음란히 섬기게 한 죄가 큰 왕들입니다. 오므리 왕조 시기는 군사적 · 물질적 번영기간으로 안정을 추구하여 국제 동맹을 맺었습니다. 그러나 이것이 영적 타락의 원인이 되었습니다.

영적으로 가장 어두운 시기는 하나님의 역사가 가장 분명하게 드러나는 때

아합 왕 시대가 가장 타락한 시기였다면, 동시에 구약의 가장 위대한 선지자 중의 하나인 엘리야의 활약이 가장 돋보이던 시기라 할 수 있다. 열왕기상 17–21장까지는 엘리야의 활약상이 나오는데, 우리가 주목해서 보아야 하는 것은 바로 '홀로 선 자의 승리'이다.

홀로 선다는 건
가슴을 치며 우는 것보다
더 어렵지만
자신을 옭아맨 동아줄,
그 아득한 끝에서 대롱이며
그래도 멀리,
멀리 하늘을 우러르는
이 작은 가슴.
누군가를 열심히 갈구해도
아무도
나의 가슴을 채워줄 수 없고
결국
홀로 살아간다는 걸
한겨울의 눈발처럼 만났을 때
나는
또다시 쓰러져 있었다.

서정윤 시인의 「홀로 서기」라는 시의 일부분이다. 언뜻 보면 홀로 선 자의 비극을 노래한 것 같아 보이기도 한다. 그러나 어떤 평론가는 이야기하기를 이 시는 절대 염세적이지 않다고 말한다. 왜냐하면 오직 홀로 선 둘이 만날 때, 진정한 만남의 의미를 가질 수 있기 때문이라는 것이다. 홀로 선다는 것이 인간에게 비참함을 가져다주는 것이 아니라, 하나님 앞에 홀로 설 수 있다면 놀라운 승리가 기다리고 있음을 엘리야는 직접적으로 보여 준 사람이다. 그는 혼자인 듯 하나 하나님이 함께하실 때,

850명의 이방 선지자들과 대결하여 이길 수 있었다. 엘리야는 하나님의 승리가 숫자에 있지 않음을 우리에게 보여 준다.

엘리사(왕하 1–8장)는 은총의 선지자로 기적을 통하여 개인과 나라를 도운 사람이다. 엘리사가 활동하던 시기는 이스라엘의 요람 왕이 통치하던 시대이다. 이 당시 아람의 침공으로 어려움에 처해 있을 때, 엘리사가 구해 주었지만 요람 왕은 감사하기보다는 오히려 엘리사를 죽이려 했다. 이러한 상황 가운데 엘리사는 구약의 예언자 중에서 가장 많은 이적을 행한 사람으로 기록되고 있다.

3) 예후 왕조 – 선지자 요나와 아모스(왕하 9–14장)

예후는 개혁을 시도한 왕이었지만 그의 개혁은 불완전했습니다. 그는 바알 숭배를 심판하여 이스라엘의 요람과 이세벨, 아합 왕에 속한 자, 바알의 선지자들과 유다의 아하시야 왕을 죽였습니다. 그러나 금송아지 숭배를 계속했습니다. 성경은 그의 개혁이 종교적인 동기가 아니라 정치적인 동기에서 이루어졌다고 말하고 있습니다(왕하 10:29).

당시에 요나는 옛 왕국의 지경이 회복될 것을 예언했으며, 여로보암 2세에 의하여 그 예언은 실현되었습니다. 그다음 활동한 선지자는 아모스입니다. 그는 사회정의가 서지 않은 나라와 도덕성이 없는 종교에 대한 심판을 말하였습니다.

4) 말기의 왕들과 호세아(왕하 15–16장)

북이스라엘의 말기는 정치적으로 무정부 상태이며 혼란의 시대였습니다. 이때에 '사랑의 선지자'라 불리는 호세아는 사마리아의 멸망이 임박했음을 예언했으며, 여호와께 돌아오면 용서하시리라는 복음을 끊임없이 선포했습니다.

3. 남왕국 유다

성경 기자는 남왕국 유다 왕들의 삶을 다윗 왕에 견주어 기술하고 있습니다.

1) 파멸의 씨앗 – 정략결혼(왕하 8:16–24; 대하 21–24장)

여호람의 정략결혼은 바알 숭배의 길을 열었습니다(북왕국 아합의 딸 아달랴와 결혼). 결국 아달랴는 왕위를 찬탈하고 자신의 손자들인 왕자들을 모두 죽이고 바알 신을 퍼뜨렸다가 대제사장 여호야다에 의해 죽임을 당하게 됩니다.

2) 파멸의 재촉 – 하나님을 버림(왕하 16장; 대하 28장)

아하스는 미가 선지자와 이사야 선지자의 권고를 무시하고 바알을 숭배하고, 영적, 윤리적 퇴폐, 가나안 족속의 가증한 행위, 어린이 제사 등을 일삼았습니다.

여기에서는 하나님의 심판 방법을 살펴보겠습니다.

· 아람과 이스라엘의 침략(왕하 16:5)
· 이사야의 권고: .... (사 7:1–9)
· 아하스: .... (왕하 16:7–9)

3) 파멸의 보증 – 가장 악하고 반역적인 왕, 므낫세(왕하 21:1–18)

므낫세는 개혁자 히스기야의 아들이었으나 극심한 우상 숭배로 유다 왕 중에서 가장 악한 왕으로 기록되었습니다. 하나님은 이제 예루살렘에 대한 심판과 포로를 예고하셨습니다(왕하 21:12–14).

4) 유다 말기의 종교개혁 – 요시야와 예레미야(왕하 22:1–23:30)

요시야는 개혁자로 종교 부흥을 시도하였습니다. 남왕국 유다에서 우상을 제하고 산당들을 헐어버렸습니다. 그는 북왕국 이스라엘 지경까지 가서 정화 작업을 하였으며, 산당의 제사장들을 죽이고 우상 숭배자의 해골을 불살랐습니다. 그러나 백성은 마음 중심에서 회개치 않았습니다.
예레미야는 북에서부터 기울어진 끓는 가마의 환상을 보았습니다. 즉, 재앙이 북에서부터 이 땅의 모든 주민들에게 이를 것을 보았던 것입니다(렘 1:13–14).

남왕국 유다의 왕들

연대	왕	통치 기간	왕의 행적들
930–913	**르호보암** 솔로몬과 암몬 여인 나아마의 아들	17년: 왕상 11:43–14:31; 대상 3:10; 대하 9:31–12:16	· 41세에 세겜에서 즉위. · 부역을 경감해 달라는 (　　　　　)의 요청을 거부하여 왕국이 분열됨. · 3년간 하나님을 섬기다가 우상 숭배함. · (　　　　　)의 침략을 받음. · (　　　　　)의 설교로 백성이 회개하여 멸망에서 벗어남.
913–910	**아비얌(아비야)** 르호보암과 마아가의 아들	3년: 왕상 15:1–8; 대상 3:10; 대하 13:1–14:1	· 북이스라엘 여로보암과 전쟁을 계속함. · 국경선의 일부를 회복.
910–869	**아사** 아비얌의 아들	41년: 왕상 15:8–24; 대하 14–16장	· (　　　　　)의 침략을 받았으나 하나님께 간구하여 세라를 격파, 그랄까지 추격함. · (　　　　　)의 아세라 상을 불태우고 폐위시킴. · 북이스라엘 바아사에게 라마를 빼앗겼으나 아람 왕 벤하닷에게 도움을 청하여 라마를 되찾음. 여기에서 빼앗은 전리품으로 (　　　　　)를 건축함. · 선지자 하나니를 투옥함.
872–848	**여호사밧** 아사와 아수바의 아들	25년: 왕상 15:24, 22:2–50; 대상 3:10; 대하 17:1–21:1	· 북이스라엘 왕 아합이 길르앗 라못을 칠 때 도와줌. 이 일로 (　　　　　)에게 책망을 받음. · 모압, 암몬, 마온의 침공 때에 금식령을 선포하고 금식하고 간구한 후 찬양대를 앞세워 이김. · 오빌에서 가져온 금으로 배를 만들고 에시온게벨에 둠. · (　　　　　)에 순종하는 생활을 강조함.
848–841	**여호람(요람)** 여호사밧의 아들	8년: 왕상 22:50; 왕하 8:16–24; 대하 21:1–22:1	· 아합 왕의 딸 아달랴와 결혼함. · 우상 숭배를 함. · 블레셋과 아말렉의 침공을 받음.
841	**아하시야** 여호람과 아달랴의 아들	1년: 왕하 8:24–9:28; 대상 3:11; 대하 22:1–10	· 북이스라엘 왕 요람과 함께 수리아와 싸웠으나 패전하고 므깃도까지 도주함. · 므깃도에서 북이스라엘 (　　　　　)에게 요람과 함께 살해됨.

연대	왕	통치 기간	왕의 행적들
841-835	아달랴 아하시야의 어머니	6년: 왕하 11:1-20; 대하 22:2-23:21	· 여호람의 왕비로 자신의 손자인 아하시야의 왕자들을 모두 죽임. · (　　　　　)가 왕자 중 요아스를 빼돌리고 (　　　　　)가 왕으로 세움. · 왕궁 미문에서 무리에게 살해됨.
835-796	요아스(여호아) 아하시야의 아들	40년: 왕하 11:21-12:21; 대하 22:10-24:27	· 숙모 여호세바에 의해 아달랴로부터 구해져서 6년간 여호야다에 의해 성전에서 양육됨. · 7세 때 여호야다의 도움으로 즉위한 후 아달랴가 만든 바알 신당과 우상을 훼파하고 성전을 보수함. · 여호야다가 죽은 후 우상 숭배에 빠져 여호와의 진노를 예언하는 스가랴를 돌로 쳐 죽임. · 아람 왕 하사엘의 공격으로 참패하여 사밧과 여호사밧에게 살해됨.
800-783	아마샤 요아스의 아들	14년: 왕하 12:21, 14:1-23; 대하 24:27-26:1	· 에돔과의 전쟁을 위해 북이스라엘에게서 (　　　　　)을 사왔으나 용병을 돌려보내고 이김. · 세일에서 우상을 가져옴. · 북이스라엘에게 도선했다가 포로가 됨. · 내란으로 암살됨.
791-739	웃시야(아사랴) 아마샤의 아들	52년: 왕하 14:21-22, 15:1-7; 대상 3:12; 대하 25:1-23	· 스가랴가 살아 있는 동안 통치하면서 명성이 높아지자 교만해짐. · (　　　　)를 잡으려다 나병에 걸림. · 아들 요담이 섭정함.
747-731	요담 웃시야의 아들	16년: 왕하 15:32-38; 대상 3:12; 대하 26:21-27:9	· 아버지가 나병에 걸려 섭정함. · 다메섹과 북이스라엘 왕 베가의 위협을 받음.
731-716	아하스 요담의 아들	15년: 왕하 15:38-16:20; 대상 3:13; 대하 27:9-28:27	· 자신의 아들을 불 가운데로 지나게 하고 산당과 산 위와 나무 아래서 제사함. · 여호와께서 진노하셔서 (　　　　　)과 (　　　　　)에게 예루살렘을 치게 하심. · 회개하지 않고 다메섹에 우상의 제단을 만듦.

연대	왕	통치 기간	왕의 행적들
715–687	히스기야 아하스의 아들	29년: 왕하 18:1–20:21; 대상 3:13; 대하 29:1–32:33	· 나라를 잘 다스리고 여호와를 섬김. · 우상화된 ( )을 부숨. · ( )에게 성전과 왕국의 장식품을 빼앗김. · 산헤립이 예루살렘을 침공하려 하자 간절히 기도하여 여호와의 사자가 앗수르군 185,000명을 진멸함으로 구원 받음. · 병들어 죽게 되었을 때 ( ). · 바벨론의 위문단에게 성전의 보고를 공개하여 이사야에게 책망 받음.
697–642	므낫세 히스기야의 아들	55년: 왕하 21:1–18; 대상 3:13; 대하 33:1–20	· 12세에 즉위하여 가장 오래 통치함. · 22년간 바알, 아세라, 일월성신 등을 우상 숭배하고 성전에 우상의 단을 쌓음. · 여호와의 진노로 ( )에게 예루살렘을 공격 받음. · 바벨론의 포로가 되었으나 회개한 후 왕위를 다시 찾고 우상을 제거하고 여호와만 섬김.
642–640	아몬 므낫세의 아들	2년: 왕하 21:18–26; 대상 3:14; 대하 33:20–25	· 암살 당함.
640–609	요시야 아몬의 아들	31년: 왕하 22:1–23:30; 대상 3:14–15; 대하 33:25–36:1	· 하나님을 경외하며 성전을 수리함. · ( )의 율법책을 발견하고 모든 백성에게 율법을 낭송함. · 우상을 타파하고 온전히 율법을 준수함. · ( )와 므깃도에서 접전 중 전사함.
609	여호아하스 (요하아스, 살룸) 요시야의 아들	3달: 왕하 23:30–34; 대상 3:15; 대하 36:1–4	· 바로 느고에게 잡혀가서 애굽에서 죽음.
609–598	여호야김 (엘리야김) 요시야의 아들 여호아하스의 형	11년: 왕하 23:34–24:6; 대상 3:15–16; 대하 36:4–8; 렘 36:1–26	· 바로 느고가 왕으로 세움. · 세금을 징수하여 애굽에 바침. · ( )를 태움.

연대	왕	통치 기간	왕의 행적들
598–597	여호야긴 (고니아, 여고냐, 여고니야) 여호야김의 아들	3달: 왕하 24:6–17, 25:27–30; 대상 3:16–17; 대하 36:8–10; 렘 22:24–30, 24:1, 27:20–22	· 일명 ( )로 불림. · ( )가 되어 ( )과 함께 투옥됨. · 포로 37년 에윌므로닥이 즉위 원년에 석방됨.
597–586	시드기야 (맛다니야) 요시야의 막내아들	11년: 왕하 24:17–25:7; 대하 36:10–21; 렘 1:3, 21:1–7	· 여호아하스의 친동생. · 느부갓네살 왕이 왕으로 세웠으나 바벨론을 배척하고 친애굽 정책을 폄. · 바벨론이 침공하여 6개월 만에 예루살렘 함락, 느부갓네살에게 잡혀 눈이 뽑히고 처형됨. · 587년 남유다 왕국 멸망.

북왕국 이스라엘의 왕들

연대	왕	통치 기간	왕의 행적들
930–909	여로보암 느밧과 스루아의 아들	22년: 왕상 11:26–14:20	· 솔로몬의 토목공사 감독관이었고 이때 선지자 ( )로부터 왕이 될 것이라는 예언을 들음. · 솔로몬에게 쫓겨 애굽 왕 시삭에게 피신함. · 르호보암 즉위 후 부역 경감을 요청했으나 들어주지 않자 ( )을 건국함. · 세겜을 수도로 정하고 단과 벧엘에 금송아지를 세움. · 무명의 유다 선지자가 멸망을 예언, 선지자 아히야도 돌이킬 수 없는 죄를 지었다고 예언함. · 아들 아비야가 죽음.
910–909	나답 여로보암의 아들	2년: 왕상 15:25–31	· 잇사갈 지파 바아사에 의해 깁브돈에서 피살됨.
909–886	바아사 잇사갈 지파 아히야의 아들	24년: 왕상 15:27–16:6	· 나답 왕의 부장으로 깁브돈에서 나답을 죽이고 왕위를 쟁취함. · 여로보암과 나답의 일가를 진멸함.
886–885	엘라 바아사의 아들	2년: 왕상 16:8–14	· 디르사의 집에서 ( )에게 피살됨.

연대	왕	통치 기간	왕의 행적들
885	시므리	7일: 왕상 16:9–20	· 엘라 왕의 전차부대 지휘관. · 엘라를 죽이고 쿠데타에 성공했으나 오므리 장군이 왕궁을 함락하자 자살함.
885–874	오므리	12년: 왕상 16:21–28	· 엘라 왕의 장군으로 시므리의 쿠데타를 진압하고 즉위함. · (　　　　　)에 성을 건축하고 천도함. · 손녀 아달랴를 (　　　　　　　　)에게 줌. · 시돈 왕 엣바알의 딸 이세벨과 아들 아합을 결혼시킴.
874–853	아합 오므리의 아들	19년: 왕상 16:28–22:40	· 시돈 왕 (　　　　　　　　)과 결혼함. · 바알과 아세라를 숭배함. · (　　　　)가 (　　　　　) 간의 가뭄과 왕국의 멸망 예언을 함. · 이세벨을 통해 나봇을 죽이고 그의 포도원을 탈취함. · 아람 왕 벤하닷과의 전쟁에서 남유다의 여호사밧과 연합하여 싸웠으나 전사함. · 벤하닷과의 전쟁 때 선지자 미가야를 가두고 거짓 선지자 시드기야의 말을 들음.
853–852	아하시야 아합의 아들	2년: 왕상 22:51–왕하 1:18	· 모압을 진압하러 갔다가 낙상하여 바알세불의 묘에 있는 점쟁이에게 낫겠는가를 물음. · 엘리야의 책망을 받고 죽음.
852–841	여호람(요람) 아합의 아들	12년: 왕하 1:17–8:6	· 아하시야의 형제, 아합의 아들. · 에돔과 함께 모압과 전쟁을 하였으나 물이 없어 고생함. 이때 (　　　　　　)으로 물을 구함. · (　　　　　　　　)에게 꾸중을 듣고 여호와의 명령을 받은 예후에게 살해됨.
841–814	예후	28년: 왕하 9:1–10:36	· (　　　　)의 집을 멸하고 (　　　　　)을 죽임. · 바알을 섬기면서 벧엘과 단의 금송아지 숭배를 그치지 않음. · 여호와의 율법을 지키지 않음.
814–798	여호아하스 예후의 아들	17년: 왕하 13:1–9	· 여호와께 죄를 범해 아람 왕 하사엘의 침공을 받았으나 하나님께 간구하자 구원자를 보내 주심. · 아세라 우상을 그냥 둠.

연대	왕	통치 기간	왕의 행적들
798-782	**요아스** 여호아하스의 아들	16년: 왕하 13:10-25	· 엘리사의 임종 때 방문하여 ( )이 라는 예언을 들음. · 남유다 왕 아마샤를 사로잡고 예루살렘을 약탈함.
793-753	**여로보암(II)** 요하스의 아들	41년: 왕하 14:23-29	· 북이스라엘이 가장 융성했던 시기였으나 우상 숭배, 사치, 방탕, 종교적 · 사회적 부패로 아모스 선지자에게 질책을 받음.
753	**스가랴** 여로보암(II)의 아들	6달: 왕하 15:8-12	· 살룸에게 피살됨.
752	**살룸** 야베스의 아들	1달: 왕하 15:10-16	· 스가랴를 죽이고 왕이 되었으나 므나헴에게 살해됨.
752-742	**므나헴** 가디의 아들	10년: 왕하 15:14-22	· ( )에게 침공 당하여 은 1000달란트를 바침.
742-740	**브가히야** 므나헴의 아들	2년: 왕하 15:23-26	· 앗수르에게 조공을 바침. · 베가에게 살해됨.
740-732	**베가** 르말랴의 아들	8년: 왕하 15:25-31	· 브가히야의 장군. · 아람 왕 르신과 함께 예루살렘을 포위하려다 실패함. · ( )에게 9지방을 뺏기고 동쪽 지파가 포로로 잡혀감. · 엘라의 아들 호세아의 반란으로 죽음.
732-722	**호세아** 엘라의 아들	9년: 왕하 17:1-41	· 여호와 앞에서 악을 행하므로 ( )을 보내셔서 사마리아를 취하게 하시고 왕과 백성을 잡아가게 하심. · 사마리아에 이방인을 이주시킴 · 722-721년 북이스라엘 멸망.

◎ 왕의 행적들을 살펴본 후 교훈 받은 점들을 기록해 보십시오. 선한 왕은 누구였습니까? 대표적인 악한 왕은 누구입니까?

4. 선지자들의 메시지

이스라엘 선지자(先知者)들은 이스라엘의 종교와 이웃 민족 간에 성행하고 있던 이방신 숭배 사이에 긴장관계가 존재하고 있음을 알았습니다. 또 선지자들은 의롭고 충성스러운 백성이 된다는 것과 편하고 인기 있는 종교 사이에는 큰 차이가 있다는 것도 잘 알았습니다. 그들은 이스라엘 백성에게 하나님의 백성으로서의 뿌리를 기억하라고 외쳤습니다.

선지자는 하나님이 그들에게 말씀하여 주신 것을 전달하지 않고는 견딜 수가 없었습니다(렘 20:9). 나단이 다윗에게 우리아의 죽음에 관하여 책망하였듯이(삼하 12장), 또 엘리야가 아합에게 나봇의 포도원에 관하여 책망하였듯이(왕상 21장), 때로 선지자들은 왕에게 경고를 내리기도 하였고 아모스가 북왕국을 향하여 말하였듯이 전 국민과 국가들을 향하여 예언하기도 했습니다.

히브리어로 선지자는 '나비'(Nabi)라고 부른다.

이 단어는 구약 성경에서 300여 회나 언급되었다. 나비라는 단어는 '부름 받은 자' 혹은 '선포하는 자'를 의미한다. 초기 선지자들은 환상이나 꿈속에서 하나님의 메시지를 받은 후 미래를 내다보며 징조와 경고와 예고를 하여 준 '선견자'(Seer)들이었다. 또 신비스런 종교적 체험을 한 사람들이 모여 선지자 학교를 이루고 있었다(삼상 10:10–12). 선지자들은 하나님이 역사 속에 개입하고 계신 것을 보았고 믿었다. 그들은 하나님이 지금 하고 계신 일, 또는 앞으로 하시고자 하는 일을 '보고', '듣고', '이해하고' 때로는 눈물을 머금고 이를 백성에게 전달하였다. 선지자들은 크게 두 가지를 반대하였는데, 그것은 '우상 숭배'와 '불의'에 관한 것이었다.

1) 우상 숭배

우상 숭배는 ....

....

이스라엘 족속이 부정한 음식을 먹거나, 안식일을 무시하거나, 이방인과 결혼하거나, 높은 산에서 바알 신을 섬기면 이것은 곧 행음(行淫)하는 것이었습니다(렘

2:20). 이스라엘이 하나님의 택한 백성이 되고 '만인의 빛'이 되자면 구별된 백성이 되어야 합니다. 그들은 순종하는 백성이 되어야 합니다.

◎ 현재 우리들이 행하고 있는 우상 숭배에는 무엇이 있을까요? 하나님보다 중요하게 생각하는 것이 무엇인지 심각하게 생각해 봅시다.

2) 불의(不義)

불의(injustice)는

선지자들은 하나님의 징벌이 처음에는 앗수르를 통하여, 그다음은 바벨론을 통하여 오고 있다는 것을 알게 되었고, 이러한 비극이 그들의 죄에 대한 징벌임을 선포하였습니다. 그들은 이스라엘 백성이 상호 간에 언약의 백성으로서 짊어져야 할 책임을 거절하였기에 적군에 의하여 파멸 당하고 포로로 잡혀가게 될 것이라고 경고하였습니다.

종교적인 책임, 정치적인 책임, 경제적인 책임은 하나님 앞에서 우리가 짊어져야 할 책임들입니다. 하나님이 바라는 세계는 모든 사람들이 동등한 위치에 설 수 있는 새로운 사회공동체입니다. 자유의 영이신 하나님은 의롭고 서로 돌보아 주는 백성을 형성하고자 하셨습니다. 하나님은 언약의 백성인 이스라엘이 전 세계 앞에서 의의 표본이 되기를 바라셨던 것입니다. 그러나 이스라엘은 이에 응하지 못하였습니다. 그들 가운데는 이기심이 팽배하였습니다. 하나님에 대한 사랑이 약해지면서 이웃에 대한 사랑도 약해졌습니다. 아모스서에 기록된 사회악을 관찰해 보십시오. 그것은 단순한 실수가 아니라 전능하신 하나님의 권위에 대한 반항이요, 배반인 것입니다.

◎ 아모스는 여호와께서 이스라엘이라는 건물에 다림줄을 내리신 것을 보았습니다. 아모스 8:4–6에서 그들의 욕심과 물질적인 추구가 얼마나 강하였는지를 살펴보고, 오늘의 경제 상황과 비교해 보십시오(직업도 중요하고 돈도 필요합니다. 그러나 무분별한 욕망과 욕심은 하나님의 율법을 방해합니다.).

아모스 8:4–6
4가난한 자를 삼키며 땅의 힘없는 자를 망하게 하려는 자들아 이 말을 들으라 5너희가
이르기를 월삭이 언제 지나서 우리가 곡식을 팔며 안식일이 언제 지나서 우리가 밀을
내게 할꼬 에바를 작게 하고 세겔을 크게 하여 거짓 저울로 속이며 6은으로 힘없는 자
를 사며 신 한 켤레로 가난한 자를 사며 찌꺼기 밀을 팔자 하는도다

다림줄이란?

다림줄은 벽이나 건물의 수직선을 재기 위하여 사용되는 것이다. 다림줄 끝에는 납덩어리가 달려 있고 다른 끝에는 같은 크기의 나무덩어리가 달려 있는 것으로서, 만약 벽이 휘지 않고 곧바로 서 있으면 납덩어리는 벽에 닿을까 말까 한다. 다림줄은 하나님께서 국가와 백성을 재는 상징으로 사용되었다.

이사야는 앗수르를 대적하기 위해 애굽과 동맹을 맺으려는 이스라엘을 경고하려고 벗은 몸으로 거리를 돌아다녔습니다.
호세아는 배교한 이스라엘의 모습을 보여 주기 위해 아들의 이름을 "로암미"라고 지었는데 그 의미는 "너희는 내 백성이 아니요"라는 뜻이었습니다(호 1:9).
예레미야는 다가오는 이스라엘의 함락을 상징하기 위해 예루살렘 문간에서 옹기를 깨뜨렸습니다.
그러나 백성은 그들의 외침을 들으려 하지 않았습니다.

때로 이사야의 예언은 혹독한 것이기도 했습니다:

"여호와께서 이르시되 가서 이 백성에게 이르기를 너희가 듣기는 들어도 깨닫지 못할 것이요 보기는 보아도 알지 못하리라 하여 이 백성의 마음을 둔하게 하며 그들의 귀가 막히고 그들의 눈이 감기게 하라 염려하건대 그들이 눈으로 보고 귀로 듣고 마음으로 깨닫고 다시 돌아와 고침을 받을까 하노라 하시기로 내가 이르되 주여 어느 때까지니이까 하였더니 주께서 대답하시되 성읍들은 황폐하여 주민이 없으며 가옥들에는 사람이 없고 이 토지는 황폐하게 되며 여호와께서 사람들을 멀리 옮기셔서 이 땅 가운데에 황폐한 곳이 많을 때까지니라"(사 6:9–12).

◎ 현재 우리들이 행하고 있는 불의는 무엇일까요? 먼저 아모스 2:6–8과 6:4–7의 내용을 쉬운 우리말로 바꾸어 표현해 보시기 바랍니다.

아모스 2:6–8

6여호와께서 이와 같이 말씀하시되 이스라엘의 서너 가지 죄로 말미암아 내가 그 벌을
돌이키지 아니하리니 이는 그들이 은을 받고 의인을 팔며 신 한 켤레를 받고 가난한 자
를 팔며 7힘 없는 자의 머리를 티끌 먼지 속에 발로 밟고 연약한 자의 길을 굽게 하며
아버지와 아들이 한 젊은 여인에게 다녀서 내 거룩한 이름을 더럽히며 8모든 제단 옆
에서 전당 잡은 옷 위에 누우며 그들의 신전에서 벌금으로 얻은 포도주를 마심이니라

아모스 6:4–7

4상아 상에 누우며 침상에서 기지개 켜며 양 떼에서 어린 양과 우리에서 송아지를 잡
아서 먹고 5비파 소리에 맞추어 노래를 지절거리며 다윗처럼 자기를 위하여 악기를 제
조하며 6대접으로 포도주를 마시며 귀한 기름을 몸에 바르면서 요셉의 환난에 대하여
는 근심하지 아니하는 자로다 7그러므로 그들이 이제는 사로잡히는 자 중에 앞서 사로
잡히리니 기지개 켜는 자의 떠드는 소리가 그치리라

◎ 오늘 우리들의 삶 가운데 고쳐야 할 부분이 무엇인지 생각해 보고, 고쳐야 할 부분들을 다음에 정리해 봅시다.

"여호와여 주의 분노로 나를 책망하지 마시오며 주의 진노로 나를 징계하지 마옵소서 여호와여 내가 수척하였사오니 내게 은혜를 베푸소서 여호와여 나의 뼈가 떨리오니 나를 고치소서 나의 영혼도 매우 떨리나이다 여호와여 어느 때까지니이까"(시 6:1–3).

대 선지자

선지자	이사야	예레미야	에스겔	다니엘
사역 연대	B.C. 739–680(60년)	B.C. 627–586(41년)	B.C. 593–570(23년)	B.C. 605–536(70년)
사역지	예루살렘	아나돗, 예루살렘	바벨론 땅 그발 강가	바벨론
중심 내용	하나님께서 남은 자에게 영광스러운 미래를 약속하심.	예루살렘의 죄와 운명, 미래의 영광.	예루살렘의 멸망과 회복, 영광스러운 미래.	4개 왕국과 하나님의 영원한 왕국.
성경적 배경	왕하 15–20장; 대하 26–30장	왕하 22–25장	왕하 24–25장	단 1–6장
정치적 상황	· 시리아와 북이스라엘, 앗수르가 유다를 위협함. · 지정학적으로 애굽과 앗수르의 중간에 위치함으로 양쪽으로 압력을 받음. · 얼마 후 북이스라엘이 멸망함.	· 애굽, 앗수르, 바벨론이 투쟁하던 중 앗수르가 멸망함. · 백성 중 일부가 포로로 잡혀감(1차). · 지정학적으로 애굽과 앗수르의 중간에 위치함으로 양쪽으로 압력을 받음.	· 유다 백성이 2차로 포로로 붙잡혀 가고 예루살렘이 함락됨.	· 유다 백성의 3차 포로기.
종교적 상황	· 우상 숭배와 외식적인 예배가 만연함. · 히스기야 왕의 개혁이 이루어짐.	· 요시야 왕 치하에서 영적 부흥이 일어났으나 그가 죽은 후 다시 우상 숭배가 성행함. · 거짓 선지자의 전성기.	· 유다 백성이 모두 하나님께 반역함.	· 하나님과의 교제가 단절되고 소수의 믿음을 가진 사람만 남음.
특징	복음의 선지자, 메시야의 선지자로 불림.	눈물의 선지자, 심판의 선지자, 희망의 선지자로 불림.	환상의 선지자, 포로기의 선지자, 다른 인자.	이방 시대의 선지자.
중심 어휘	구원은 여호와의 것이다.	유다는 멸망할 것이다.	장차 있을 이스라엘의 회복.	이스라엘을 위한 하나님의 영원한 계획.
메시야에 대한 표현	싹, 나의 종	의로운 가지, 여호와 우리 왕	백향목의 연한 가지	돌, 인자, 기름 부음을 받은 자

정리해 봅시다

왕국이 분열된 이유는 무엇입니까?

1.

2.

3.

12) 『프리셉트성경』, pp.608-2~608-4.

이스라엘과 유다의 왕들 및 선지자들의 연대표(B.C.)[12)]

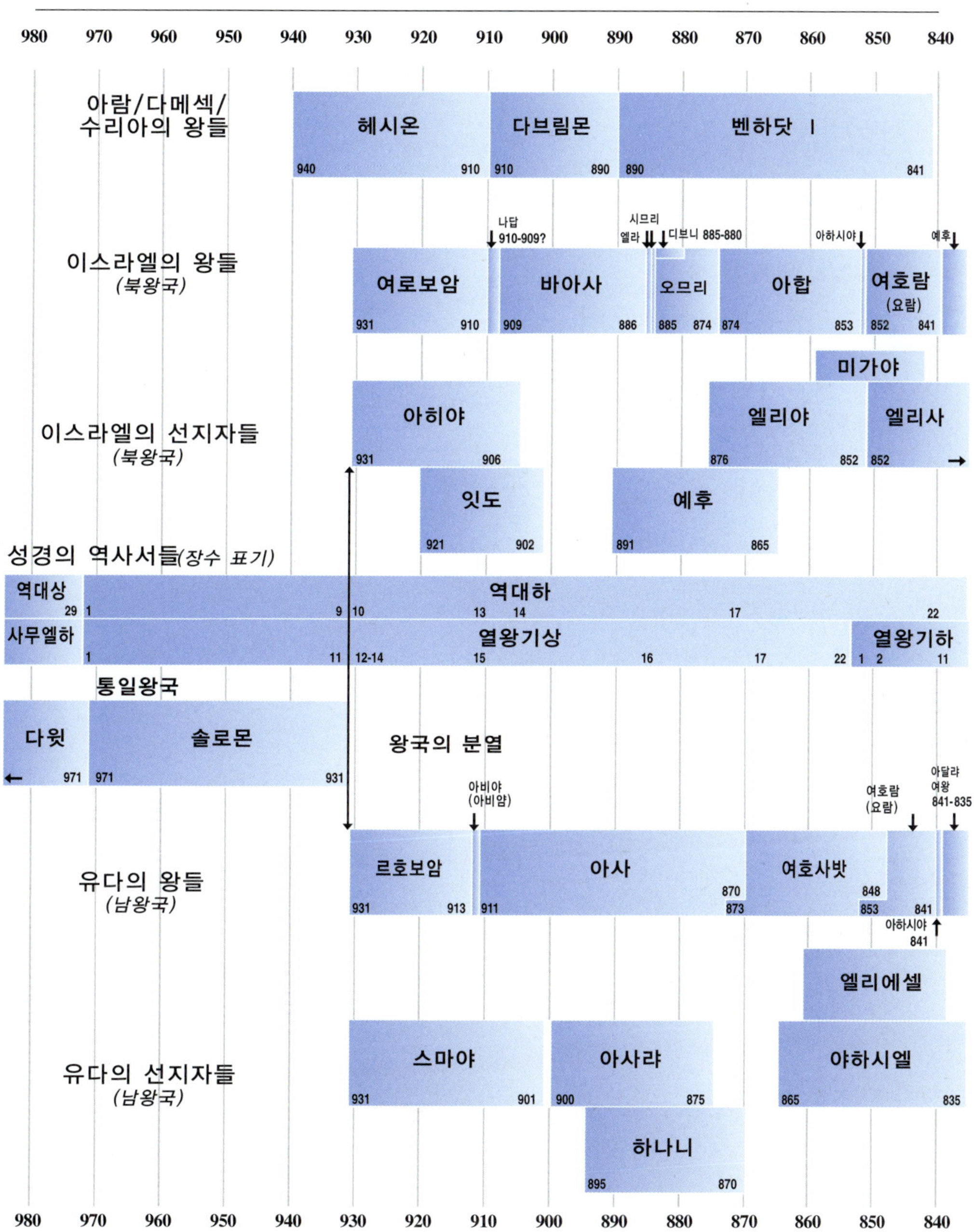

이스라엘과 유다의 왕들 및 선지자들의 연대표(B.C.)

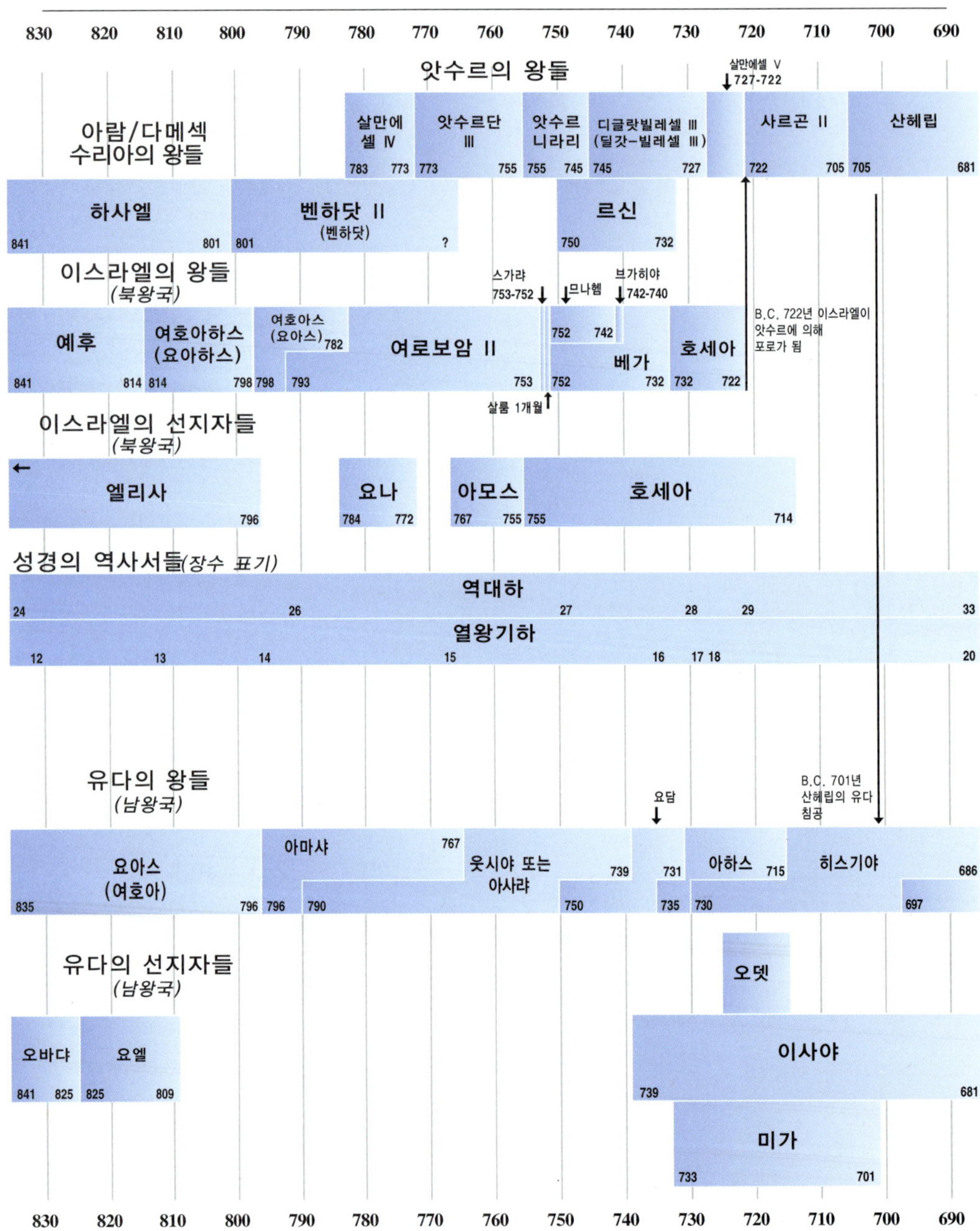

이스라엘과 유다의 왕들 및 선지자들의 연대표(B.C.)

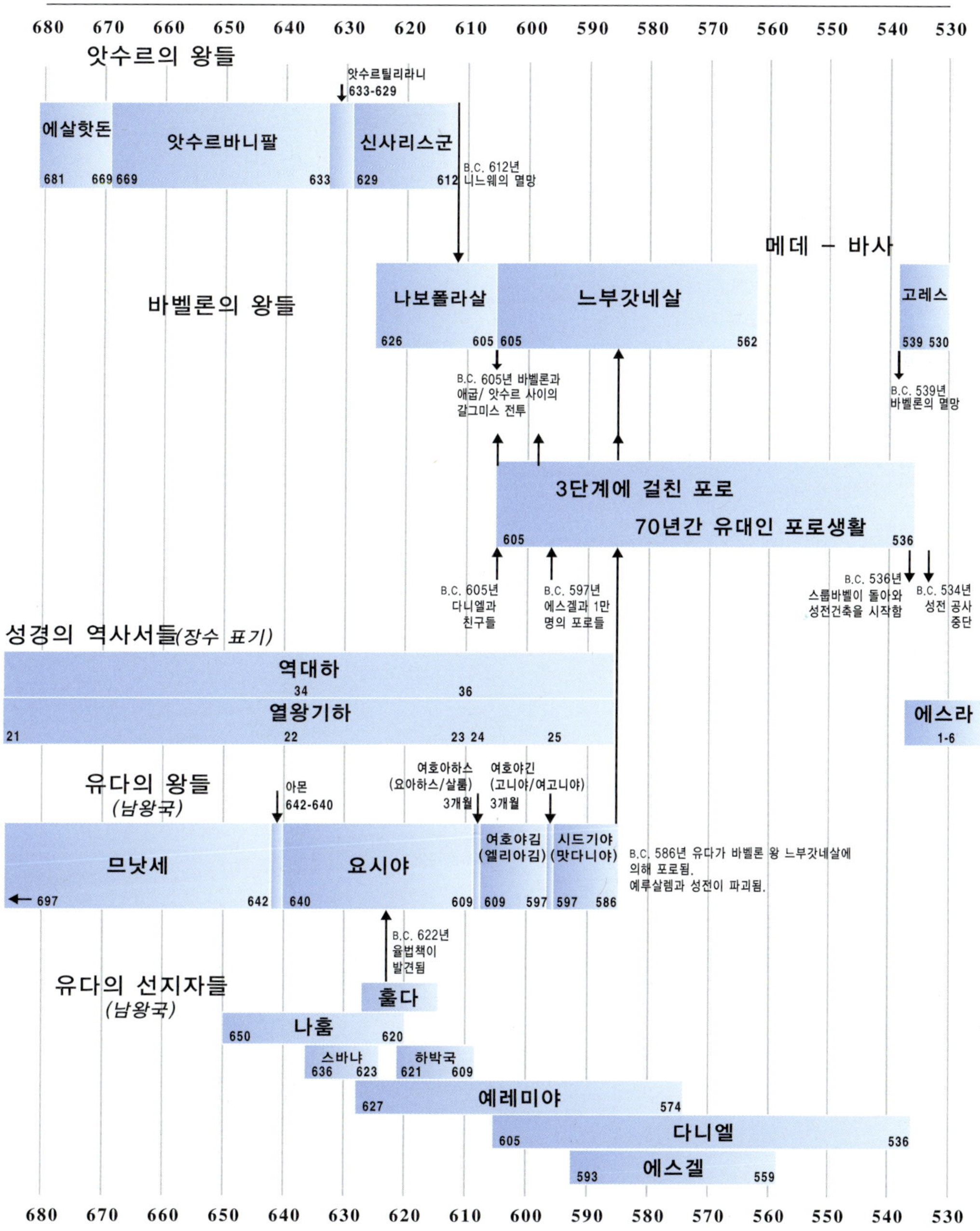

제 10 과 포로시대

【 하나님을 잃어버린 백성 】

"네 하나님 여호와가 너를 길로 인도할 때에
네가 그를 떠남으로 이를 자취함이 아니냐"(렘 2:17)

확인해 봅시다

다음의 중요 인물들의 특징을 적어 봅시다.

1. 르호보암과 여로보암

2. 엘리야와 엘리사

3. 므낫세와 요시야

배워 봅시다

포로시대는 역사적으로 어느 한순간에 이루어진 것이 아닙니다. 하나님께서 이스라엘을 당신의 백성으로 선택하신 이후 끊임없이 말씀하신 것이 있습니다. 즉 "너희가 내 계약 백성이 되었으므로 나의 율례를 따라 순종하는 삶을 살아라"는 것이었습니다. 포로시대는 바로 이러한 하나님의 지시에 순종하지 않은 결과였습니다.

특히 역대기는 포로가 된 후 이스라엘 역사를 다시 한번 조명하고 있습니다. 열왕기가 역사와 정치적 관점에서 이스라엘의 역사를 보고 있다면, 역대기는 신앙적 관점에서 역사를 바라본 것입니다. 다시 말하자면, 자신들의 포로생활이 일반 역사 가운데 하나의 사건이 아니라 하나님의 역사 가운데 일어난, 하나님의 통치를 거부하므로 나타난 현상이라는 것을 분명히 하고 있는 것입니다.

그러므로 포로시대는 단순히 징계 받는 이스라엘을 말하고 있는 것이 아니라, 오히려 포로 기간 중에 유대 백성이 선민(選民)임을 다시 한번 선포하고 있습니다. 그리고 다윗 집안의 왕권과 영광스러운 과거, 그리고 죄에 대한 심판을 알려 역사 속에 개입하시는 여호와 하나님을 분명하게 선포하고 있는 것입니다. 그러므로 영광스러운 미래를 위하여 성전(聖殿)이 얼마나 중요한지를 강조하고 있습니다. 바로 이러한 이유에서 이스라엘의 회복은 성전 재건과 연결되어 있는 것입니다.

성경을 보는 눈(열왕기와 역대기의 비교)

인간의 상태	예언서
왕들의 전쟁에 관심 – 정치적 관심 남북 왕조에 대한 기록(여러 왕가에 대한 기록)	성전과 의식에 관한 기록 – 신앙적 관심 남왕국에 대한 기록(다윗 왕가에 대한 기록)

우리가 여기에서 보아야 할 것은 '파멸의 원인', '이스라엘과 유다의 파멸', 그리고 '포로생활의 현실과 의미'입니다.

1. 파멸의 원인 – (   )

북왕국 이스라엘(수도_사마리아)은 B.C. 722-721년에 앗수르에 점령당하였고, 남왕국 유다(수도_예루살렘)는 B.C. 587-586년에 바벨론에 점령당하였습니다. 열왕기와 역대기에서는 비슷한 역사가 되풀이해서 기록되어 있고, 그에 대한 해석이 뒤따릅니다. 열왕기하 17-25장에서 보듯이 우선 북왕국의 파멸이 언급되고, 이어서 남왕국 특히 성전의 파괴와 예루살렘의 함락 기록이 나타나고 있습니다.
선지자들은 이 사건들을 해석하면서 두 가지를 강조하였습니다.

첫째, ...

하나님의 백성은 '노하기를 더디 하시는' 하나님으로부터 여러 번 경고를 받았었습니다. 따라서 이방인들에게도, 그 어느 누구에게도 책임을 전가시킬 수 없었습니다. 마지막 단계에 가서 백성은 손을 쓰려 하였으나 그들의 병은 너무도 깊어졌기에 아무런 효험을 낼 수가 없었습니다.

"… 온 머리는 병들었고 온 마음은 피곤하였으며 발바닥에서 머리까지 성한 곳이 없이 상한 것과 터진 것과 새로 맞은 흔적뿐이거늘 …"(사 1:5–6).

그들의 기도와 절기를 지킴도 이제는 너무 늦었습니다. '종교의식'이 사회책임을 대신할 수는 없었던 것입니다.

"헛된 제물을 다시 가져오지 말라 분향은 내가 가증히 여기는 바요 … 내 마음이 너희의 월삭과 정한 절기를 싫어하나니 그것이 내게 무거운 짐이라 …"(사 1:13–14).

책임 전가

인간들이 가진 특성 중의 하나를 말하라면 '책임 전가'라고 할 수 있을 것이다. 인류의 최초 조상인 아담에게서도 이러한 모습이 명확하게 드러난다. 그는 하와에게 선악과를 받아 먹고, "하나님이 만들어 준 그 여인 때문에" 자신이 죄를 지었다고 하나님과 하와에게 죄를 전가하였다.

하나님께서 우리들에게 주신 것 중 선하지 않은 것이 무엇이 있는가? 단지 문제는 하나님께서 우리에게 주신 것들을 잘 활용하지 못하고, 하나님께 순종하지 못하기 때문에 발생하는 것이다.

이와 같이 이스라엘과 유다의 멸망 또한 누군가에게 책임을 전가할 수 없는 일이다. 이스라엘의 역사 가운데서 하나님이 분명하게 보여 주셨던 것은 "전쟁은 하나님께 속하였다"는 것이었다.

그러므로 모든 결과의 원인은 하나님이 함께하시느냐, 그렇지 않느냐 하는 것에 있었다.

둘째, ……………………………………………………………………

멸망을 피하기 위해 그들은 다른 민족과 군사동맹을 맺으려고 하였습니다. 이스라엘의 지도자들은 애굽의 군사력에 의존하려고 했습니다. 이러한 상황에서 이사야와 같은 선지자들은 지도자들을 경고하였습니다. 그러나 신앙이 없는 지도자들의 눈에 보이지 않는 하나님을 의지한다는 것은 너무나 믿을 수 없는 일이었습니다. 그들의 눈에 강대하게 비치는 애굽 또한 하나님이 세우시고 버리실 수 있다는 사실을 알지 못했던 것입니다.

이스라엘 민족은 오로지 하나님만 의지해야 했습니다. 외국과의 동맹은 해결책이 아니었습니다. 이사야 선지자는 이러한 동맹을 배교 행위라고 책망하였습니다(사 30:1–2).

◎ 여러분이 당하고 있는 고통과 어려운 문제가 있다면, 그 원인은 어디에 있다고 생각하십니까?

◎ 여러분은 현재 문제의 해결책을 어디에서 찾고 있습니까?

2. 이스라엘과 유다의 파멸 – (   )

선지자들은 그들의 하나님, 언약, 성전, 백성, 그리고 그들의 나라를 사랑했습니다. 그러기에 하나님의 말씀을 대언하는 이들의 마음은 탄식과 슬픔으로 가득 차 있었습니다.

"슬프다 나의 근심이여 어떻게 위로를 받을 수 있을까 … 딸 내 백성이 상하였으므로 나도 상하여 슬퍼하며 놀라움에 잡혔도다"(렘 8:18, 21).

그러나 선지자들의 눈물로 배교와 반항, 불륜과 사회 부정의 무서운 결과를 정지시킬 수는 없었습니다. 하나님께서 세우신 왕국은 무너지고 왕자들은 쇠사슬에 매여 끌려가게 될 것입니다. 똑똑하고 건강한 백성은 병거에 묶여 짐승처럼 포로로 잡혀 갈 것입니다. 젖과 꿀이 흐르는 약속의 땅은 불바다가 되고 폐허가 될 것입니다. 경제가 파탄나고 솔로몬과 다윗이 정한 장소에 세운 성전도 불타 없어질 것입니다.

예언자들의 메시지는 크게 두 가지로 나뉩니다.

· 희망의 메시지: ....

· 심판의 메시지: ....

시대에 따라 구분한 선지서

· 포로 전

이스라엘에게: ....

유다에게: ....

앗수르에게: ....

에돔에게: ....

· 포로기

바벨론에서: ....

· 포로 후

포로귀환자들에게: ....

1) 북왕국 이스라엘의 패망(B.C. 722–721) – (   )

B.C. 8세기 아모스, 호세아, 이사야의 설교와 예언에 따라 앗수르 군대가 지중해 연안을 따라 진군하여 내려왔습니다. 수도 니느웨를 본거지로 한 앗수르는 세계를 정복하려 하였고, 대부분의 근동지방을 통일하여 제국을 건설하였습니다.
결국 북왕국 이스라엘은 B.C. 722–721년에 독립을 잃었습니다.

예언한 대로 이스라엘의 지도자급들과 기술공들은 앗수르 제국 각 곳으로 잡혀갔고, 앗수르 제국의 각 곳으로부터 수천 명의 다른 민족이 이스라엘 땅으로 옮겨왔습니다. 이것은 결혼을 통한 혼합정책의 일환으로 추진되었는데, 이스라엘의 민족적 자부심을 깨뜨리고 앗수르 왕국을 통일하고자 하는 목적에 의한 것이었습니다. 여기서 우리가 발견할 수 있는 것은 만백성의 주인 되신 하나님께서는 이방 민족들도 징계의 도구로 사용하실 수 있다는 것입니다. 앗수르는 의식하지 못했지만 하나님의 도구로 쓰임을 받았습니다.

2) 남왕국 유다의 패망(B.C. 587–586) – (   )

남왕국 유다는 앗수르에 조공을 바침으로 겨우 명맥을 유지하고 있었습니다. 외부의 압력이 다소 약화되자 유다 왕 요시야(B.C. 640–609년)는 중요한 종교개혁을 추진합니다. 성전 수리 중 발견된 율법서의 말씀을 듣던 요시야 왕은 크게 감동되어 예배의 순수성을 부활시키고, 왕국의 정직성을 유지하고, 사회법규를 제정하였습니다(왕하 22–23장). 요시야 왕은 제식 매춘행위를 폐지하고 앗수르인과 바벨론의 별 숭상 및 동물숭배를 금지시켰습니다. 또한 유월절을 다시 지키게 하고 모세의 율법을 재천명하였습니다. 그러나 외적으로는 바벨론의 세력이 강해지고 B.C. 609년 요시야 왕이 죽자 유다는 다시 옛 모습으로 돌아가게 됩니다.

예레미야는 바로 이러한 때에 다가올 하나님의 심판을 예언했으며 그 심판으로서의 포로생활을 예언하기 시작했습니다. 그의 예언의 내용은 '바벨론의 침략은 유다의 영적 타락에 대한 하나님의 심판이므로 받아들이고, 포로생활까지 감수하라 … 다만 회개하는 마음으로 포로생활을 하다 보면 다시 돌아오게 되는데 그 기간이 70년일 것이다'라는 것이었습니다. 그의 예언대로 B.C. 597년에 여호야긴 왕과 지도자들이 1차로 포로가 되었고, B.C. 586년에는 시드기야와 지도자들이 2차 포로로 잡혀갔습니다.

앗수르와 바벨론은 하나님의 도구?

우리들이 이해할 수 없는 일 중의 하나가 바로 이런 것이다.

"하나님, 왜 하필이면 하나님을 모르는 민족을 들어서 당신의 백성이 수치를 당하도록 하십니까?"

비록 우리들이 이러한 사실을 이해하지 못한다 할지라도, 분명한 사실이 하나 있다.

이 세상의 어떤 것도 하나님의 계획과 섭리에서 제외될 수 없다는 사실이다.

앗수르와 바벨론이 아직은 하나님을 알지 못하지만, 그들 역시 하나님을 알아야 하는 백성이요, 언젠가는 하나님을 알게 될 것이다.

이스라엘이 하나님께 선택 받은 것은 사실이지만, 다른 민족이 선택에서 제외된 것은 아니니다. 왜냐하면 순서에는 차이가 있을지 모르지만 결국 하나님의 구원 사역은 "세상 모든 민족이 구원을 얻기까지" 계속될 것이기 때문이다.

'앗수르와 바벨론'. 그들이 지금은 하나님의 징계의 도구로 사용되었지만 언젠가는 그들도 하나님의 백성이 될 것이다.

우리가 이 순간에 물어야 할 것은 '회개의 내용이 무엇인지' 그리고 '징계의 대상이 되지 않으려면 어떻게 해야 하는지' 하는 것이 아닐까?

3. 포로생활의 현실과 의미 – (   )

1) 현실

나라가 망하여 바벨론으로 포로가 되어 잡혀 왔다는 사실은 유다 백성에게 신앙의 큰 혼란을 가져다주었습니다. 그들은 다윗의 왕위가 영원하리라는 말씀에 따라 자신들은 망하지 않을 것이라고 생각했습니다. 그러나 포로로 잡혀 온 것은 엄연한 현실이었고 그곳에서 자신의 신앙을 다시금 조명해 보아야만 했습니다.

이스라엘 백성은 포로로 잡혀 왔지만 다른 전쟁포로와는 달리 심한 노역을 하거나 고역을 당하지는 않았습니다. 그들을 잡아온 목적이 노예로 삼기 위해서가 아닌 반란을 막기 위한 의도라는 것이 이것을 잘 설명해 줍니다(왕하 25:27–30). 유다 백성은 비록 포로생활을 했지만 어느 정도의 안정된 생활을 할 수 있었습니다. 그러나 하나님을 향한 영적 갈망은 끊이지 않았습니다. 시온은 망하지 않을 것이며 영원할 것이라고 부르던 시온의 노래는 이제 이방인들에게 조롱거리가 되고 말았습니다.

시편 137편은 영적인 회복을 갈망하는 그들의 모습을 잘 나타냅니다.

> 우리가 바벨론의 여러 강변 거기에 앉아서
> 시온을 기억하며 울었도다
> 그 중의 버드나무에
> 우리가 우리의 수금을 걸었나니
> 이는 우리를 사로잡은 자가 거기서 우리에게 노래를 청하며
> 우리를 황폐하게 한 자가 기쁨을 청하고
> 자기들을 위하여 시온의 노래 중 하나를 노래하라 함이로다
> 우리가 이방 땅에서
> 어찌 여호와의 노래를 부를까
> 예루살렘아 내가 너를 잊을진대
> 내 오른손이 그의 재주를 잊을지로다
> 내가 예루살렘을 기억하지 아니하거나
> 내가 가장 즐거워하는 것보다
> 더 즐거워하지 아니할진대
> 내 혀가 내 입천장에 붙을지로다

포로시대와 구원자 그리스도

"네 집과 네 나라가 내 앞에서 영원히 보전되고 네 왕위가 영원히 견고하리라 하셨다 하라"(삼하 7:16).

하나님께서는 나단을 통해서 다윗의 왕위는 영원히 망하지 않을 것이라고 말씀하셨다. 그러나 어떻게 해서 유다가 망하게 되었는가? 이 사실은 포로시대를 지나는 백성에게 가장 큰 혼란을 준 문제였다. 다윗의 왕위가 망한 이유는 무엇인가?

우리는 포로 사건을 통해 중요한 신학적인 의미를 발견하게 된다. 먼저, 하나님의 언

약은 하나님의 백성으로서 거룩하게 살며 행할 때 유지되어 감을 알 수 있다. 백성은 자신들의 범죄는 돌아보지 못했고 다윗의 왕위가 영원할 것이라는 말씀에만 집중했다. 결국 포로시대를 통해서 하나님의 구원은 선민의식을 가진 이스라엘의 혈통을 통해서 이어지는 것이 아니라 믿음으로 계승되어지는 것임을 알 수 있다.

두 번째, 영원한 다윗의 왕위는 혈육적인 왕조가 아닌 영원한 메시야의 왕권임을 알게 되었다. 포로시대를 통해서 그들은 메시야를 기다리게 되었으며 인류를 구원하시기 위해 하나님께로부터 오는 영원한 다윗의 왕위가 예수 그리스도이심을 알게 되었다.

결론적으로 하나님의 백성은 혈통에 의한 것이 아니라 영적인 백성을 말하며, 다윗의 왕위는 영원한 하나님의 나라를 의미하는 것이다.

2) 의미

포로생활을 통해서 이스라엘 백성의 삶과 가치관에는 많은 변화가 일어나기 시작했습니다. 포로생활은 타락한 백성이 하나님께로 돌아오고 자신들의 신앙을 정화하는 하나님의 연단의 과정이었습니다. 포로생활을 통해서 그들의 신앙에는 새로운 변화가 일어났습니다.

① 성전회복에 대한 갈망.
② 하나님의 관점에서 역사와 신앙을 이해하기 시작함.
③ 하나님의 언약과 긍휼을 배움.
④ 흩어진 백성의 회당중심의 생활.

3) 희망

이스라엘 민족은 잘린 나무처럼 될 것입니다. "거룩한 씨가 이 땅의 그루터기"로 남아 있게 될 것입니다(사 6:13). 하나님의 목적은 파괴에 있지 않고 징계에 있습니다. 그들을 전멸시키는 데 있지 않고 그들을 정결케 하여 구원하자는 데 있습니다. 선지자들의 예언 속에 한 가지 희망이 보이기 시작합니다. 징벌이 이루어질 때에 구원의 손이 보이게 됩니다. 하나님은 성전과 같지 않으십니다. 성전은 무너져도 하나님은 살아계십니다. 약속된 땅이 황폐하게 되어도 약속의 하나님은 살아 계시고 그들을 다스리십니다. 많은 사람들이 흩어지고 죽어도 남은 자(Remnant)가 그루터기가 되고 그들을 통하여 이스라엘은 재건됩니다.

"… 보라 내가 한 돌을 시온에 두어 기초를 삼았노니 곧 시험한 돌이요 귀하고 견고한 기촛돌이라 …"(사 28:16).

포로생활은 하나님의 백성이 더욱 단련되는 연단의 시간이었습니다. 하나님의 백성들이 다시 회복될 수 있었던 것은 주의 인자와 자비가 무궁하시기 때문입니다.

◎ 혹 여러분들 가운데 고난으로 인하여 슬퍼하는 사람이 있습니까, 아니면 하나님의 심판 가운데 괴로워하는 사람들이 있습니까? 여러분들 속에 남아 있는 거룩한 씨가 새싹을 돋아나게 할 것입니다. 새로운 희망을 가져다줄 것입니다.
여러분 가운데 있는 거룩한 씨가 무엇인지 함께 나눠 봅시다.

정리해 봅시다

시대별로 구분해 보십시오.

1. 창조와 타락한 인간 .... 창세기
2. 믿음과 순종 .... 창세기
3. 부르심과 소명 .... 출애굽기, 민수기
4. 소유와 율법 .... 여호수아, 레위기, 신명기
5. 왕이 없는 백성 .... 사사기, 룻기
6. 왕을 가진 백성 .... 사무엘상 · 하, 열왕기상, 역대상
7. 경고하시는 하나님 .... 열왕기하, 역대하
호세아, 아모스, 하박국, 이사야
예레미야, 예레미야애가, 요엘
미가, 스바냐, 요나, 나훔, 오바댜
8. 하나님을 잃어버린 백성 .... 다니엘, 에스겔

제 11 과 포로귀환시대

【 회복시키시는 하나님 】

"이제 종이 주의 종들인 이스라엘 자손을 위하여 주야로 기도하오며 우리 이스라엘 자손이 주께 범죄한 죄들을 자복하오니 주는 귀를 기울이시며 눈을 여시사 종의 기도를 들으시옵소서 나와 내 아버지의 집이 범죄하여 주를 향하여 크게 악을 행하여 주께서 주의 종 모세에게 명령하신 계명과 율례와 규례를 지키지 아니하였나이다 옛적에 주께서 주의 종 모세에게 명령하여 이르시되 만일 너희가 범죄하면 내가 너희를 여러 나라 가운데에 흩을 것이요 만일 내게로 돌아와 내 계명을 지켜 행하면 너희 쫓긴 자가 하늘 끝에 있을지라도 내가 거기서부터 그들을 모아 내 이름을 두려고 택한 곳에 돌아오게 하리라 하신 말씀을 이제 청하건대 기억하옵소서"(느 1:6-9)

확인해 봅시다

아래의 질문에 답해 보십시오.

1. 이스라엘과 유다가 파멸하게 된 원인은 무엇일까요?

2. 이스라엘과 유다가 파멸한 것은 무엇을 의미할까요?

3. 이스라엘과 유다의 포로생활이 의미하는 것은 무엇일까요?

배워 봅시다

지금까지는 사무엘, 열왕기, 역대기를 통하여 왕정시대의 이스라엘 역사를 공부하였습니다. 하나님의 통치를 싫어하여 인간 왕을 요구한 이스라엘의 역사는 거듭되는 하나님의 오래 참으심과 자비에도 불구하고 영적으로 타락의 길을 걸었습니다. 그들은 우상을 섬기고 하나님의 전을 더럽게 하였으며, 하나님께서 그들을 사랑하심으로 보내셨던 선지자들을 비웃고, 욕하며, 죽이고, 말씀을 멸시하여 끝내는 하나님의 진노를 피할 수 없게 되었습니다.

그들이 바벨론 왕을 통하여 하나님으로부터 받은 엄중한 심판은 인류 역사에 있어서 인과응보의 법칙에 대한 전형적인 본보기가 되었습니다(대하 36:17-20). 이제 이스라엘은 새로운 시대(포로시대)에 접하게 되었습니다. 이 시대에도 하나님은 그 백성을 기억하시고 은총을 베풀어서 포로상태에서 회복시키십니다. 이 회복은 하나님께서 아브라함과의 약속을 기억하시고, 메시야를 통하여 그 약속을 실현하기 위한 준비인 것입니다.

하나님께서 이루시는 회복의 역사는 3차에 걸친 포로귀환과 함께 진행됩니다. 또한 포로귀환과 함께 이스라엘에게 있어서 중요한 세 가지 사건이 함께 진행됩니다.

· 1차 귀환과 성전 재건(에스라 1–6장)
· 2차 귀환과 개혁 운동(에스라 7–10장)
· 3차 귀환과 성벽 재건(느헤미야 1–7장)

1. 포로귀환

포로귀환의 역사는 국제정세의 변화에 따른 결과입니다. 물론 우리는 이러한 정세의 변화를 하나님의 역사하심 속에서 이해하게 됩니다. 하나님께서는 유다의 죄악을 심판하시기 위해서 바벨론이라는 도구를 사용하셨지만, 징벌이 하나님의 뜻은 아니었습니다. 하나님은 끊임없이 당신의 백성이 돌아오기를 원하셨고, 그들의 부르짖음을 들으시고 구원의 역사를 이루시기 시작한 것입니다.

하나님의 징벌은 또 다른 희망을 내포하고 있다.

하나님의 징벌이 완전한 파괴를 의미하는가?

그렇지 않다. 하나님의 은혜는 징벌 가운데서도 역사하신다. 이사야가 부르심을 받았을 때(사 6:1–8) 그는 백성이 그의 예언을 귀담아듣지 않을 것을 알고 있었다. 이사야가 아무리 회개하라고 외쳐도 하나님은 그 땅을 황폐하게 만드실 것이다. 그러나 하나님은 이스라엘을 완전히 멸망시키지 않으실 것이다. 비록 나무가 베임을 당해도 "거룩한 씨가 이 땅의 그루터기"(사 6:13)가 될 것이다. 그리고 그곳에는 남은 자가 있을 것이다.

· 하나님께서는 아담과 하와를 에덴 동산에서 내쫓으실 때에도 그들에게 옷을 만들어 입히셨다.
· 하나님께서는 노아와 그의 가족을 홍수 가운데서 건져 주셨다.
· 하나님께서는 롯과 그의 가족을 소돔과 고모라에서 구원해 주셨다.

이스라엘이 가장 처절한 지경에 빠져 있을 때 하나님은 위로의 말씀을 주신다: "너희의 하나님이 이르시되 너희는 위로하라 내 백성을 위로하라 너희는 예루살렘의 마음에 닿도록 말하며 그것에게 외치라 그 노역의 때가 끝났고 그 죄악이 사함을 받았느니라 그의 모든 죄로 말미암아 여호와의 손에서 벌을 배나 받았느니라 할지니라 하시니라" (사 40:1-2).

하나님의 징벌은 강력하여 모든 사람이 고난을 당하였다. 그들은 벌을 배나 받았다. 그러나 이제 하나님은 "… 어린 양을 그 팔로 모아 품에 안으시며 젖먹이는 암컷들을 온순히 인도하시리로다"라고 말씀하신다(사 40:11).

징벌이 하나님에게서 왔듯이 위로 또한 하나님으로부터 오는 것이다. 하나님은 그의 종 이스라엘과 맺은 언약을 재확인하신다. 죄의 값은 지불되었고 공의는 재수립되었다(사 42:1-4). 모세가 홍해를 건너고 여호수아가 요단강을 건너던 아름다운 광경을 회상하며 하나님께서는 이스라엘 백성에게 다시 한번 약속을 하신다. 그리고 이제는 화해가 이루어진다. 하나님은 영원히 이스라엘의 아버지가 되심을 재천명하신다.

바벨론의 타락은 하나님의 심판을 받게 되었는데, 바사제국 고레스의 등장으로 바벨론은 멸망하게 되었습니다. 바사의 고레스는 유다 포로들을 관할하면서 포로 귀환령을 내리게 됩니다. 이것은 바사의 새로운 정책에 의한 것으로, 피지배 민족의 본국 귀환과 그들의 종교를 장려한 것입니다.

백성의 귀환은 고레스의 칙령 이후 세 차례에 걸쳐서 단계적으로 진행되었습니다. 어느 정도 바벨론에 정착을 시작한 백성은 새롭게 다시 고향으로 돌아가 공동체를 재건하는 데 어려움을 겪었습니다. 그러나 민족 지도자들의 열심을 통해서 백성은 귀환하기 시작했고, 귀환한 백성은 성전을 건축하는 일과 성벽을 재건하는 일을 통해 회복운동을 전개했습니다. 무너진 성전과 성벽을 건축하고 다시 재건하는 일은 하나님을 향해서 무너진 그들의 신앙을 바로 세워 가는 과정이었습니다.

고레스, 여호와의 기름 부은 종?

"고레스를 어떻게 볼 것인가?" 고레스에 대해서 이사야 45:1 이하에서는 "여호와의 기름 부은 종"으로 묘사하고 있다. "그는 과연 여호와의 기름 부은 종인가?" 고레스는 비록 어떤 나라를 정복했을지라도 그 나라의 종교와 문화를 말살하려는 정책을 펴지 않았다. 고레스는 모든 사람들이 기꺼이 각기 나름대로의 구원의 길을 모색하도록 허락했던 것이다. 그는 유대인들이 고국으로 돌아가도록 권면하였으며, 예루살렘에 성전이 재건되고 제사가 재확립되는 것이 바사제국에도 유익하다고 생각하였다. 이러한 정책으로 인하여 그는 "여호와의 기름 부은 종"(사 45:1)이 되었고, 여호와께서는 두 번째 출애굽을 일으키시는 데 그를 사용하셨다. 하나님은 구속사(救贖史)를 계속적으로 진행해 나가시는 일에 있어서 고레스의 자비로운 통치 방식을 이용하셨던 것이다.

◎ 여러분 가운데, 하나님을 모르는 사람들을 통하여 하나님께서 역사하시는 경우를 경험한 적이 있다면 어떤 경우였는지 함께 나눠 봅시다.

2. 1차 귀환과 성전 재건(스 1–6장)

고레스 왕의 칙령 이후 고국으로 돌아온 백성의 현실은 암담 그 자체였습니다. 그들의 자녀들은 고국의 언어를 잊었으며 많은 혼혈아들이 함께 있었기 때문입니다. 혈통을 강조하며 선민의식을 가졌던 이 백성에게는 이러한 현상은 혼돈 그 자체였습니다. 그러나 그들 속에는 하나님을 경외하는 신앙이 있었습니다. 백성의 지도자들은 먼저 성전을 건축하기 시작했습니다. 성전 재건은 스룹바벨과 학개, 스가랴 선지자의 주도로 이루어졌습니다.

성전 재건은 다리오 왕 6년에 봉헌하게 되는데 이 성전을 제2성전, 혹은 스룹바벨 성전이라고 합니다. 이 성전의 모양은 솔로몬 성전에 비해 매우 초라했습니다.

성전 완공을 돕는 손길

· 학개(학 1:1–11):
· 스가랴(슥 4:6–9):
· 하나님(스 5:5, 6:22):

본향을 향한 이스라엘의 두 가지 대 장정(長征)

두 장정(長征)이란?	출애굽	포로귀환
어디에 있었는가?	애굽(430년간)	바벨론(70년간)
사람은 얼마나 많았는가?	장정만 약 60만 명	약 9만 5천 명
얼마나 걸렸는가?	40년간 2차례 시도	100년간 3차에 걸쳐서
누가 인도해 냈는가?	모세/ 아론/ 여호수아	스룹바벨/ 에스라/ 느헤미야
목적은 무엇이었는가?	약속의 땅을 찾기 위해	예루살렘과 성전 재건을 위해
장애물은 무엇이었는가?	홍해/ 사막/ 적군	파괴/ 제한된 자원/ 적군
어떤 실패를 경험했는가?	불평과 불순종으로 인해 몇 주면 가능한 여정이 40년으로 늘어남	두려움과 실망, 냉담함으로 인해 몇 달이면 가능한 공사가 100년 만에 완공
어떤 성공을 경험했는가?	약속의 땅으로 진입	성전과 성벽을 재건
어떤 교훈을 얻었는가?	하나님은 선하시고 공의로우시며, 약속을 이루시는 분	하나님은 선택한 백성과 나라를 보존하시는 분

3. 2차 귀환과 개혁운동(스 7–10장; 느 7–10장)

지도자들은 백성의 영적인 재건에도 힘을 썼습니다. 에스라는 아론의 16대손으로 율법에 익숙한 학자 겸 제사장(스 7:6, 21)이었고, 말씀 부흥에 사명을 가진 자(스 7:10)였습니다. 2차 포로귀환은 아닥사스다 왕의 통치 기간 중 에스라에 의해 이루어졌는데, 성전이 완공된 지 58년이 지난 후로 포로귀환자들이 영적으로 타락한 기간이었습니다.

학사 에스라는 성전과 성벽의 재건 못지않게 내적으로 무너진 백성의 영성 재건이 중요한 것임을 깨달았습니다. 에스라는 오직 하나님의 말씀만이 이 백성을 회복시킬 수 있음을 확신하고 말씀으로 영적 각성운동을 전개해 갔습니다.

· 타락의 내용(스 9:1–4): ______________________

· 에스라의 개혁(스 10:1–5, 10–11): ______________________

____

· 말씀의 부흥(느 8:5–9): ....

....

· 영적 부흥의 3대 요소: 말씀, 회개, 헌신

> **스 7:10** 에스라가 여호와의 율법을 연구하여 준행하며 율례와 규례를 이스라엘에게 가르치기로 결심하였었더라
>
> **느 8:8** 하나님의 율법책을 낭독하고 그 뜻을 해석하여 백성에게 그 낭독하는 것을 다 깨닫게 하니

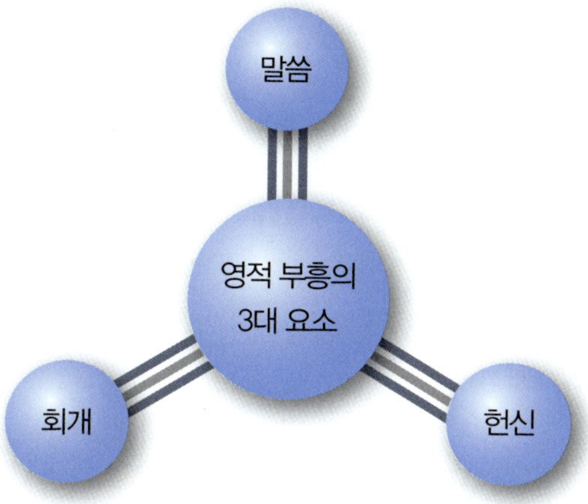

> **느 8:10** 느헤미야가 또 그들에게 이르기를 너희는 가서 살진 것을 먹고 단 것을 마시되 준비하지 못한 자에게는 나누어 주라 이 날은 우리 주의 성일이니 근심하지 말라 여호와로 인하여 기뻐하는 것이 너희의 힘이니라 하고
>
> **느 9:2** 모든 이방 사람들과 절교하고 서서 자기의 죄와 조상들의 허물을 자복하고

> **스 10:4–5** 이는 당신이 주장할 일이니 일어나소서 우리가 도우리니 힘써 행하소서 하니라 이에 에스라가 일어나 제사장들과 레위 사람들과 온 이스라엘에게 이 말대로 행하기를 맹세하게 하매 무리가 맹세하는지라
>
> **느 5:19** 내 하나님이여 내가 이 백성을 위하여 행한 모든 일을 기억하사 내게 은혜를 베푸시옵소서

4. 3차 귀환과 성벽재건(느 1–7장)

느헤미야는 아닥사스다의 술 맡은 고위 관원이었습니다. 당시 근동지방의 풍습에 의하면 술잔을 맡긴다는 것은 목숨을 맡기는 것과 같았습니다. 권력 투쟁과 음모가 상존하고 있어서 독살의 위험이 있었기 때문입니다. 때문에 느헤미야가 술 관원이었다는 것은 그가 대단히 높은 자리에서 왕의 신임을 받고 있었다고 짐작할 수 있습니다.

그러나 느헤미야는 왕궁의 안락한 생활을 버리고 자원하여 유대 총독으로 부임하게 됩니다. 이로써 그는 3차 포로귀환과 예루살렘 성벽 재건이라는 사명을 감당하게 됩니다. 이미 예루살렘에는 이방인과 예루살렘의 재건을 반대하는 세력이 있었지만 느헤미야는 용기와 지혜로 이들을 물리치고 52일 만에 성벽을 완성하였습니다. 성벽의 완성은 이 공동체의 회복과 영성 회복에 대한 깊은 영향을 미쳤습니다.

5. 느헤미야의 지도력

느헤미야는 2차 포로시대에 돌아와 에스라와 함께 개혁을 단행했던 지도자였습니다. 느헤미야의 삶의 모습을 통해서 공동체를 회복해 가는 하나님의 열심과 지도자로서의 느헤미야의 모습을 살펴보도록 하겠습니다.

1) 무너진 공동체를 보고 아파한 지도자(느 1장)

느헤미야는 왕궁의 술 관원으로 있으면서도 늘 고국의 형편을 물었으며 그 일로 하나님께 기도했습니다.

◎ 느헤미야의 기도 내용은 무엇이었습니까?

2) 공동체 회복과 개혁을 단행한 느헤미야(느 2-13장)

① 기도와 준비(2장) - 하나님의 도우심으로 왕에게 필요한 도움을 일목요연하게 요청함으로써 규모있게 사역을 진행하였습니다.

② 원인과 상황을 살펴보고 동역자를 격려함(2장) - 직접 무너진 성읍을 돌아보며 상황을 파악하고 함께 일하는 동역자들을 격려하였습니다.

③ 팀으로 사역함(3장) - 느헤미야는 성벽의 건축 부분을 모두에게 골고루 할당하고 함께 팀의 형태로 사역을 진행해 갔습니다. 그리고 협조하지 않는 내부의 적들, 즉 귀족들을 통합해 갔습니다.

④ 모범을 보임(3장) - 느헤미야는 성벽의 한 부분을 자신이 직접 맡음으로 사역에 있어서 지도자로서의 모범을 보였습니다.

⑤ 적의 공격에 대하여 대처함(4장)

· 적의 공격 유형 – 내부 분열을 조장함, 사기를 꺾어 놓음, 공격하려고 함, 지도자를 시해하려고 함.

· 대처 방안 – 하나님께 간구함, 백성을 격려함, 조직을 정비하여 공격에 대한 방비와 더불어 사역을 진행해 감.

⑥ 부서지는 가정을 살림(5장) – 포로 이후 가난으로 인해 자녀를 종으로 내줘야 하는 일들이 발생하여 공동체의 분열이 가속화 되었을 때, 이자받는 제도를 개혁하고 일정량을 돌려주게 함으로써 가정을 보호하였습니다.

⑦ 토색하지 않음(5장) – 지도자로서 마땅히 받을 수 있는 녹을 받지 않고 남의 것을 토색하지 않으며 청렴결백하였습니다.

⑧ 사역을 나눔(7장) – 성벽 건축이 완성된 이후 필요한 자리에 사람을 세움으로써 건설 이후의 유지에 초점을 맞추었습니다.

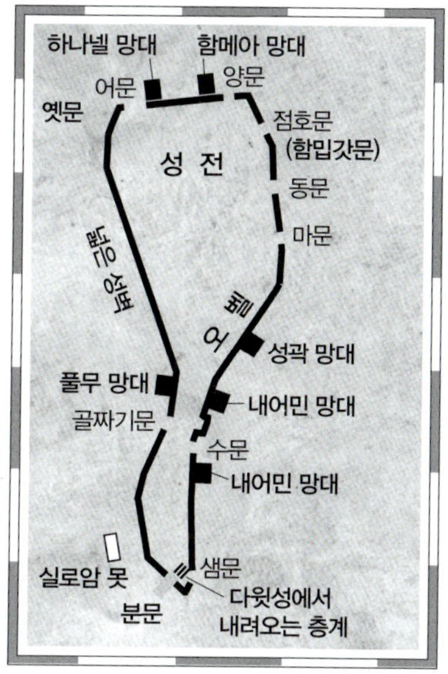

느헤미야 시대의 문

⑨ 신앙의 부흥을 주도함(8장) – 학사 에스라와 함께 하나님의 율법을 가르치고 하나님의 말씀대로 살게 했으며 이방인들을 멀리하게 했습니다.

⑩ 지도자들과 백성을 언약 위에 견고히 세움(9장 이후) – 하나님의 언약이 무엇인지를 상기시키고 지도자들과 백성이 스스로 맹세하는 의식을 갖게 함으로써 공동체를 바로 세워 갔습니다.

⑪ 분리함(13장) – 언약 백성 가운데 섞여 있는 이방 민족들을 분리해 냄으로 공동체의 정체성을 확립해 갔습니다.

⑫ 안식일과 십일조와 절기를 바로 세움(13장) – 말씀대로 바로 살게 하기 위해 성경대로 레위인들에게 드릴 십일조를 드리게 했으며, 절기와 안식일과 십일조를 바로 드리게 했습니다.

◎ 느헤미야를 통한 신앙의 교훈과 적용점을 적어 보십시오.

정리해 봅시다

포로귀환과 함께 일어났던 중요한 사건 세 가지를 적어 봅시다.

1. 1차 귀환과 ....

2. 2차 귀환과 ....

3. 3차 귀환과 ....

에스라, 느헤미야, 에스더의 시대[13]

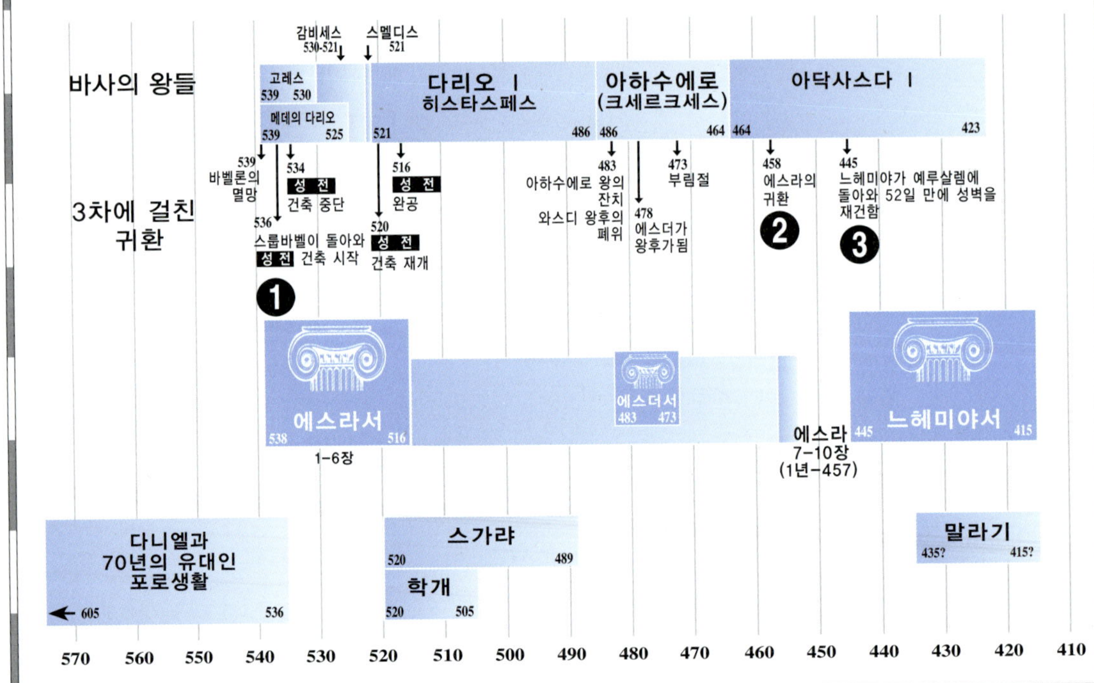

---

13) 『프리셉트성경』, p.711.

제 12 과 지혜시대

【 여호와를 경외하는 자 】

"여호와여 주께서 나를 살펴 보셨으므로 나를 아시나이다
주께서 내가 앉고 일어섬을 아시고
멀리서도 나의 생각을 밝히 아시오며"(시 139:1-2)

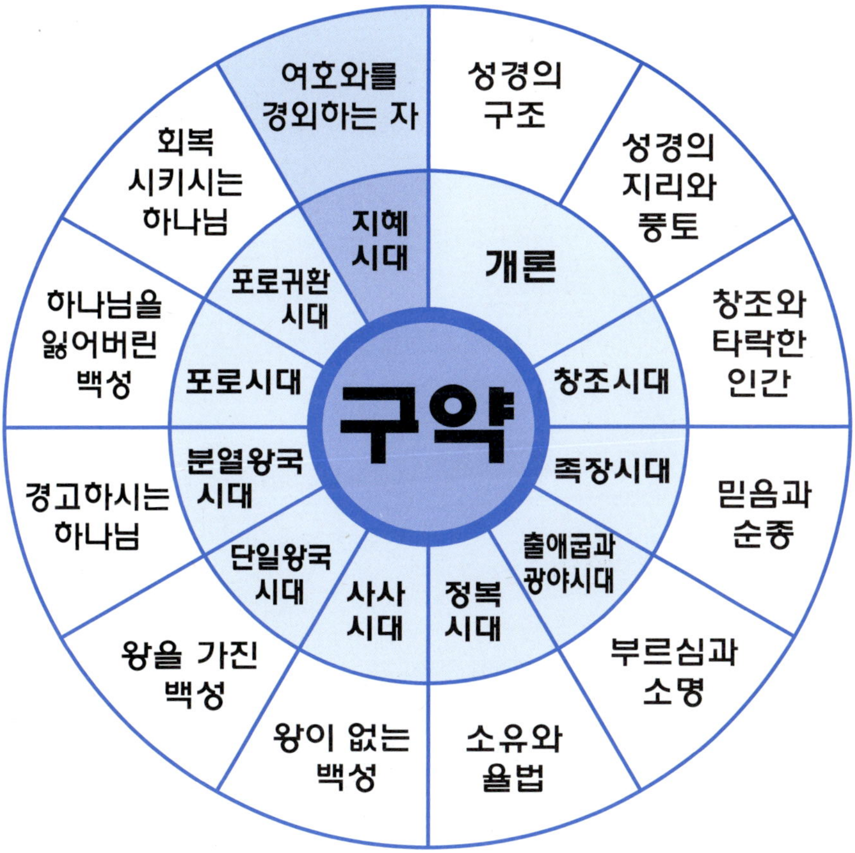

확인해 봅시다

이번에는 생각하며 답을 찾아보겠습니다.

1. 포로귀환과 성전을 재건한 것은 어떤 관계가 있을까요?

2. 에스라의 종교개혁 내용은 무엇입니까?

3. 성벽을 재건하기 전 느헤미야의 기도 내용은 무엇이었습니까?

배워 봅시다

지금까지의 공부가 시대적인 순서를 따라왔다면, 오늘 배우게 될 '지혜시대'는 연대기적 구분과는 차이가 있습니다. 성경에 있는 지혜서는 욥기, 시편, 잠언, 전도서, 아가서가 있는데, 이 책들을 시대적으로보다는 내용적으로 묶어 보았습니다. 이 내용들은 어떤 한 시대에 제한되었다기보다는 전 시대를 통하여 통용되는 원리이기 때문입니다.

"지혜"란?

히브리어로 '지혜'(חָכְמָה, 호크마)란, '확정', '통제' 혹은 '제어하는 것'이란 뜻을 가지고 있다. '호크마'는 구약에 전부 147회 사용되며, 그중에 39회는 잠언에 나타난다. 형용사형인 '하캄'은 구약에서 전부 135회 사용되며, 그중 47회가 잠언에 나타난다. 지혜는 구약 성경에서 여러 가지 다른 의미로 사용되지만, 지혜가 실제로 뜻하는 것은 한마디로 '삶의 기술'이라 할 수 있다. 즉, 장인에서부터 정치가에 이르기까지 최선의 가능한 방법과 최선의 효과적인 삶을 이루어 가는 개인적인 능력을 말한다.

이스라엘은 이러한 지혜를 하나님 중심적으로 생각하게 되었는데, 참된 지혜란 인간이 만들어 낼 수 있는 것이 아니라 하나님에게서 비롯되는 것이요(잠 2:6), 이스라엘 지혜자들은 여호와를 경외하는 것이 최고의 우선적인 지혜임을 깨닫게 된다. 곧 참된 지혜의 핵심은 하나님을 경외하는 데에 있으며(잠 1:7, 9:10), 하나님을 경외하는 것이야말로 모든 지혜와 지식의 시작이요, 최고의 우선적인 지혜임을 고백하게 된다.

이렇게 볼 때 지혜는 여호와를 경외하는 실제적인 삶의 기술이라고 말할 수 있다. 그러므로 지혜를 한마디로 '바른 삶을 살 수 있게 하는 능력'이라고 정의하고, 인간이 창조질서를 이해하고 파악해서 '올바른 삶을 살 수 있는 능력'을 기르고자 하는 히브리 인생 철학 내지는 히브리의 인생 교육학적인 관심이 구약 지혜문서의 핵심적 성격이라고 말할 수 있다.

1. 시편

이스라엘은 하나님의 행하심을 보면서 여러 가지 반응을 보였습니다. 대적들의 압제 아래 하나님께서 침묵하실 때는 하나님을 향해 구원을 간구하며 어찌하여 대적의 압제를 당해야 하느냐고 탄식하였습니다. 자신들의 죄로 인하여 고난을 당하게 될 때에는 잘못을 참회하며 죄를 고백하였습니다. 자신들의 죄를 사함 받거나 압제하에서 하나님의 구원을 받았을 때는 하나님께 감사를 드리며 찬양하였습니다. 이와 같은 여러 상황에서 하나님의 인도하심에 대한 이스라엘 백성의 반응이 시편에 기록되어 있습니다. 시편은 이스라엘 백성의 기쁨과 슬픔이 나타난 기도입니다.

유대인과 기독교인들은 종파와 시대를 막론하고 시편을 중요시합니다. 사람들은 다양한 이유와 다양한 관점에서 시편을 읽고 접근하고 있습니다. 시편은 모세 오경을 따라 다섯 개의 책으로 되어 있습니다.

시편은 초기부터 이스라엘 백성과 함께 존재하게 되었는데 어떤 시는 바벨론 포로 이전 시대에 쓰여졌고, 또 어떤 시는 포로에서 돌아온 후 쓰여졌습니다. 현재 우리가 가지고 있는 시편은 포로에서 석방된 후 제2의 성전 건축기간에 생긴 것들입니다.

시편은 회당의 기도서라고도 불릴 수 있습니다. 유대인들이 사방에 흩어지게 되자 회당이 우후죽순처럼 생겨나게 되었고, 시편은 그들의 신앙과 전통을 유지하는 데 큰 도움을 주었습니다. 초대 기독교 제자들은 회당에서 시편을 읊었을 뿐만 아니라 감옥에서도 신앙 공동체 의식을 가지면서 시편을 노래하였습니다.

이 노래들은 비록 개인적 고뇌의 표현일지라도 집단적인 성격을 띠고 있으며, 기도하는 자나 노래하는 자는 역사적인 언약 공동체에, 성심껏 예배드리는 공동체에, 그리고 전능하신 하나님의 팔에 안김을 인식하게 됩니다. 하나님의 현존을 느낄 때만이 아니라 하나님의 부재를 경험할 때에도 우리는 하나님을 찬양하는 것을 배우게 됩니다. 우리는 혹독한 시험을 당할 때나 기독교인의 친교에서 떠나 있을 때에도 결코 혼자가 아닌 것을 알고 노래하게 됩니다.

모세 오경에 따른 시편의 구조

- 제1권 1-41편
- 제2권 42-72편
- 제3권 73-89편
- 제4권 90-106편
- 제5권 107-150편

제1, 2권은 대부분 다윗의 시로 구성되어 있습니다. 제1권은 다윗의 개인적인 애도의 시가 주종을 이루고 있으며, 제2권 또한 대부분이 다윗의 애도시로, 원수에 대한 기록이 나타나기도 합니다. 다윗의 즉위에 대한 시(시 45편), 다윗의 예루살렘 정복(시 48편), 다윗의 밧세바와의 범죄(시 51편) 등이 여기에 포함됩니다.

제3권은 솔로몬 이후 예루살렘 포로에 이르기까지 국가적인 고난과 위기가 배경이 되었으며, 특히 북왕국 이스라엘의 함락을 가져온 앗시리아 시대가 배경이 된 것으로 보입니다.

포로로 잡혀간 하나님의 백성이 제4권의 배경으로 여겨지고 있습니다. 여기에 포함된 시들은 통치하시는 여호와를 노래하는 시가 주종을 이루고 있습니다.

제5권의 배경은 포로에서 회복된 시점인 것으로 보여집니다.

잠깐만!

히브리어 '자마르'(זָמַר, 찬양하다): 시편에는 찬양의 내용이 많이 나오고 있다. 수적으로는 탄식의 시가 찬양의 시보다 많지만 탄식의 내용을 포함하고 있는 시편도 찬양으로 내용이 바뀌어지는 것이 많다. 또한 시편의 끝부분은 찬양의 시들이 모아져 있어서 시편이 찬양으로 절정을 이루는 것을 볼 수 있다.

영어 'Psalms'(헬라어 ψαλμόι, 현악기 연주): 영어 제목은 '현악기 연주'라는 뜻의 헬라어에서 유래하였다. 또한 '현악기에 맞춘 종교적인 노래'란 제목이 모두 57편의 시에 나온다. 시편은 음악에 맞추어 부르는 노래인 것이다.

시편을 묵상하는 법

우리는 시편에 관하여(about) 배우려 하기보다는 시편 속으로(into) 들어가야 합니다. 표현할 수 없는 우리의 감정과 생각을 시편을 통하여 표현하게 될 때 그 시들은 우리의 기도가 될 것입니다.

4세기의 유명한 기독교 지도자였던 아타나시우스(Athanasius)는 대부분의 성경이 우리를 향해(to us) 말하지만, 시편은 우리를 대신하여(for us) 말한다고 하였습니다. 시편은 인간 경험의 총체를 반영하는 '마음의 노래들'입니다.

시편에는 여러 가지 유형의 시들이 있습니다. 모두가 우리 인간들의 구체적인 경험에서부터 나온 것들입니다. 그러나 단순히 경험에서 그치는 것이 아니라, 그 경험들을 하나님을 향한 신앙으로 연결시켜 놓았습니다. 이제 우리가 한 주간 시편을 묵상하는 동안 시편 속으로 들어가 보시기 바랍니다. 그리고 감정이입(感情移入)이라는 방법을 통하여 우리의 경험을 함께 고백해 보기 바랍니다.

월요일에는

'구원의 역사시'(시 136편)를 읽고 당신의 고백을 적어 보시기 바랍니다.

여기 나오는 구원의 역사시들은 2천 년 전에 쓰여진 것이지만, 우리 자신들의 삶의 자리에서 체험한 하나님이 역사하신 사건들을 이 시에 추가하여 보십시오. 구체적인 우리의 삶, 개인, 가정 또는 국가의 역사 속에서 "그 인자하심이 영원함이로다"라고 응답할 수 있는 사건들을 열거하여 보시기 바랍니다.

시편 136편

1여호와께 감사하라 그는 선하시며 그 인자하심이 영원함이로다 2신들 중에 뛰어난 하
나님께 감사하라 그 인자하심이 영원함이로다 3주들 중에 뛰어난 주께 감사하라 그 인
자하심이 영원함이로다 4홀로 큰 기이한 일들을 행하시는 이에게 감사하라 그 인자하
심이 영원함이로다 5지혜로 하늘을 지으신 이에게 감사하라 그 인자하심이 영원함이로
다 6땅을 물 위에 펴신 이에게 감사하라 그 인자하심이 영원함이로다 7큰 빛들을 지으
신 이에게 감사하라 그 인자하심이 영원함이로다 8해로 낮을 주관하게 하신 이에게 감
사하라 그 인자하심이 영원함이로다 9달과 별들로 밤을 주관하게 하신 이에게 감사하
라 그 인자하심이 영원함이로다 10애굽의 장자를 치신 이에게 감사하라 그 인자하심이
영원함이로다 11이스라엘을 그들 중에서 인도하여 내신 이에게 감사하라 그 인자하심
이 영원함이로다 12강한 손과 펴신 팔로 인도하여 내신 이에게 감사하라 그 인자하심이
영원함이로다 13홍해를 가르신 이에게 감사하라 그 인자하심이 영원함이로다 14이스라
엘을 그 가운데로 통과하게 하신 이에게 감사하라 그 인자하심이 영원함이로다 15바로
와 그의 군대를 홍해에 엎드러뜨리신 이에게 감사하라 그 인자하심이 영원함이로다
16그의 백성을 인도하여 광야를 통과하게 하신 이에게 감사하라 그 인자하심이 영원함
이로다 17큰 왕들을 치신 이에게 감사하라 그 인자하심이 영원함이로다 18유명한 왕들
을 죽이신 이에게 감사하라 그 인자하심이 영원함이로다 19아모리인의 왕 시혼을 죽이
신 이에게 감사하라 그 인자하심이 영원함이로다 20바산 왕 옥을 죽이신 이에게 감사
하라 그 인자하심이 영원함이로다 21그들의 땅을 기업으로 주신 이에게 감사하라 그 인
자하심이 영원함이로다 22곧 그 종 이스라엘에게 기업으로 주신 이에게 감사하라 그
인자하심이 영원함이로다 23우리를 비천한 가운데에서도 기억해 주신 이에게 감사하
라 그 인자하심이 영원함이로다 24우리를 우리의 대적에게서 건지신 이에게 감사하라
그 인자하심이 영원함이로다 25모든 육체에게 먹을 것을 주신 이에게 감사하라 그 인
자하심이 영원함이로다 26하늘의 하나님께 감사하라 그 인자하심이 영원함이로다

화요일에는

'애가(哀歌)'(시 90편)를 읽고 묵상한 바를 적어 보시기 바랍니다.

우리 인간들은 죽음을 외면하려는 경향이 있습니다. 그러나 죽음 앞에선 우리들이 이 시편을 읽을 때 우리에게 무엇을 말씀하는지 묵상하고 적어 보시기 바랍니다.

시편 90편

1주여 주는 대대에 우리의 거처가 되셨나이다 2산이 생기기 전, 땅과 세계도 주께서 조
성하시기 전 곧 영원부터 영원까지 주는 하나님이시니이다 3주께서 사람을 티끌로 돌
아가게 하시고 말씀하시기를 너희 인생들은 돌아가라 하셨사오니 4주의 목전에는 천
년이 지나간 어제 같으며 밤의 한 순간 같을 뿐임이니이다 5주께서 그들을 홍수처럼 쓸
어가시나이다 그들은 잠깐 자는 것 같으며 아침에 돋는 풀 같으니이다 6풀은 아침에 꽃
이 피어 자라다가 저녁에는 시들어 마르나이다 7우리는 주의 노에 소멸되며 주의 분내
심에 놀라나이다 8주께서 우리의 죄악을 주의 앞에 놓으시며 우리의 은밀한 죄를 주의
얼굴 빛 가운데에 두셨사오니 9우리의 모든 날이 주의 분노 중에 지나가며 우리의 평생
이 순식간에 다하였나이다 10우리의 연수가 칠십이요 강건하면 팔십이라도 그 연수의
자랑은 수고와 슬픔뿐이요 신속히 가니 우리가 날아가나이다 11누가 주의 노여움의 능
력을 알며 누가 주의 진노의 두려움을 알리이까 12우리에게 우리 날 계수함을 가르치사
지혜로운 마음을 얻게 하소서 13여호와여 돌아오소서 언제까지니이까 주의 종들을 불
쌍히 여기소서 14아침에 주의 인자하심이 우리를 만족하게 하사 우리를 일생 동안 즐겁
고 기쁘게 하소서 15우리를 괴롭게 하신 날수대로와 우리가 화를 당한 연수대로 우리를
기쁘게 하소서 16주께서 행하신 일을 주의 종들에게 나타내시며 주의 영광을 그들의 자
손에게 나타내소서 17주 우리 하나님의 은총을 우리에게 내리게 하사 우리의 손이 행한
일을 우리에게 견고하게 하소서 우리의 손이 행한 일을 견고하게 하소서

수요일에는

'참회의 시'(시 38편)를 읽고 당신의 고백을 적어 보시기 바랍니다.

이 시는 개인의 후회와 참회의 기도입니다. 여기에서 우리는 죄로 인하여 고난이 배가되는 것을 보게 됩니다. 이 시편을 읽으면서 우리의 고통과 고독, 그리고 죄책감의 경험들을 돌아보시기 바랍니다.

시편 38편

1여호와여 주의 노하심으로 나를 책망하지 마시고 주의 분노하심으로 나를 징계하지
마소서 2주의 화살이 나를 찌르고 주의 손이 나를 심히 누르시나이다 3주의 진노로 말
미암아 내 살에 성한 곳이 없사오며 나의 죄로 말미암아 내 뼈에 평안함이 없나이다
4내 죄악이 내 머리에 넘쳐서 무거운 짐 같으니 내가 감당할 수 없나이다 5내 상처가
썩어 악취가 나오니 내가 우매한 까닭이로소이다 6내가 아프고 심히 구부러졌으며 종
일토록 슬픔 중에 다니나이다 7내 허리에 열기가 가득하고 내 살에 성한 곳이 없나이
다 8내가 피곤하고 심히 상하였으매 마음이 불안하여 신음하나이다 9주여 나의 모든
소원이 주 앞에 있사오며 나의 탄식이 주 앞에 감추이지 아니하나이다 10내 심장이 뛰
고 내 기력이 쇠하여 내 눈의 빛도 나를 떠났나이다 11내가 사랑하는 자와 내 친구들이
내 상처를 멀리하고 내 친척들도 멀리 섰나이다 12내 생명을 찾는 자가 올무를 놓고 나
를 해하려는 자가 괴악한 일을 말하여 종일토록 음모를 꾸미오나 13나는 못 듣는 자 같
이 듣지 아니하고 말 못하는 자 같이 입을 열지 아니하오니 14나는 듣지 못하는 자 같
아서 내 입에는 반박할 말이 없나이다 15여호와여 내가 주를 바랐사오니 내 주 하나님
이 내게 응답하시리이다 16내가 말하기를 두렵건대 그들이 나 때문에 기뻐하며 내가
실족할 때에 나를 향하여 스스로 교만할까 하였나이다 17내가 넘어지게 되었고 나의
근심이 항상 내 앞에 있사오니 18내 죄악을 아뢰고 내 죄를 슬퍼함이니이다 19내 원수
가 활발하며 강하고 부당하게 나를 미워하는 자가 많으며 20또 악으로 선을 대신하는
자들이 내가 선을 따른다는 것 때문에 나를 대적하나이다 21여호와여 나를 버리지 마소
서 나의 하나님이여 나를 멀리하지 마소서 22속히 나를 도우소서 주 나의 구원이시여

목요일에는

'감사시'(시 65편)를 읽고 당신의 고백을 적어 보시기 바랍니다.

이 시는 믿음의 공동체로서 집단적인 감사를 표현하고 있습니다. 이 백성은 무엇을 하나님께 감사하고 있습니까? 그리고 우리 믿음의 공동체인 교회가 함께 감사해야 할 내용들은 무엇이 있을까요?

시편 65편

1하나님이여 찬송이 시온에서 주를 기다리오며 사람이 서원을 주께 이행하리이다 2기
도를 들으시는 주여 모든 육체가 주께 나아오리이다 3죄악이 나를 이겼사오니 우리의
허물을 주께서 사하시리이다 4주께서 택하시고 가까이 오게 하사 주의 뜰에 살게 하신
사람은 복이 있나이다 우리가 주의 집 곧 주의 성전의 아름다움으로 만족하리이다 5우
리 구원의 하나님이시여 땅의 모든 끝과 먼 바다에 있는 자가 의지할 주께서 의를 따라
엄위하신 일로 우리에게 응답하시리이다 6주는 주의 힘으로 산을 세우시며 권능으로
띠를 띠시며 7바다의 설렘과 물결의 흔들림과 만민의 소요까지 진정하시나이다 8땅 끝
에 사는 자가 주의 징조를 두려워하나이다 주께서 아침 되는 것과 저녁 되는 것을 즐거
워하게 하시며 9땅을 돌보사 물을 대어 심히 윤택하게 하시며 하나님의 강에 물이 가
득하게 하시고 이같이 땅을 예비하신 후에 그들에게 곡식을 주시나이다 10주께서 밭고
랑에 물을 넉넉히 대사 그 이랑을 평평하게 하시며 또 단비로 부드럽게 하시고 그 싹에
복을 주시나이다 11주의 은택으로 한 해를 관 씌우시니 주의 길에는 기름 방울이 떨어
지며 12들의 초장에도 떨어지니 작은 산들이 기쁨으로 띠를 띠었나이다 13초장은 양 떼
로 옷 입었고 골짜기는 곡식으로 덮였으매 그들이 다 즐거이 외치고 또 노래하나이다

금요일에는

'찬양시'(시 100편)를 읽고 당신의 노래를 적어 보시기 바랍니다.

이 시는 순수한 찬양의 시입니다. 또한 우리들이 어려움에 처할 때 큰 도움이 될 수 있는 시이기도 합니다. 오늘 이 시를 암기하여 마음속에 간직할 수 있도록 노력해 보시기 바랍니다.

시편 100편

1온 땅이여 여호와께 즐거운 찬송을 부를지어다 2기쁨으로 여호와를 섬기며 노래하면
서 그의 앞에 나아갈지어다 3여호와가 우리 하나님이신 줄 너희는 알지어다 그는 우리
를 지으신 이요 우리는 그의 것이니 그의 백성이요 그의 기르시는 양이로다 4감사함으
로 그의 문에 들어가며 찬송함으로 그의 궁정에 들어가서 그에게 감사하며 그의 이름
을 송축할지어다 5여호와는 선하시니 그의 인자하심이 영원하고 그의 성실하심이 대대
에 이르리로다

토요일에는

'지혜시'(시 73편)를 읽고 묵상한 바를 적어 보시기 바랍니다.

이 시는 우리로 하여금 깊이 생각하게 만듭니다. 특별히 악한 자들이 잘될 때 우리들이 가지는 감정들은 어떠합니까? 이 시편 기자의 깨달음이 무엇인지 생각해 보시기 바랍니다.

시편 73편

1하나님이 참으로 이스라엘 중 마음이 정결한 자에게 선을 행하시나 2나는 거의 넘어질
뻔하였고 나의 걸음이 미끄러질 뻔하였으니 3이는 내가 악인의 형통함을 보고 오만한
자를 질투하였음이로다 4그들은 죽을 때에도 고통이 없고 그 힘이 강건하며 5사람들이
당하는 고난이 그들에게는 없고 사람들이 당하는 재앙도 그들에게는 없나니 6그러므로
교만이 그들의 목걸이요 강포가 그들의 옷이며 7살찜으로 그들의 눈이 솟아나며 그들
의 소득은 마음의 소원보다 많으며 8그들은 능욕하며 악하게 말하며 높은 데서 거만하
게 말하며 9그들의 입은 하늘에 두고 그들의 혀는 땅에 두루 다니도다 10그러므로 그의
백성이 이리로 돌아와서 잔에 가득한 물을 다 마시며 11말하기를 하나님이 어찌 알랴
지존자에게 지식이 있으랴 하는도다 12볼지어다 이들은 악인들이라도 항상 평안하고
재물은 더욱 불어나도다 13내가 내 마음을 깨끗하게 하며 내 손을 씻어 무죄하다 한 것
이 실로 헛되도다 14나는 종일 재난을 당하며 아침마다 징벌을 받았도다 15내가 만일
스스로 이르기를 내가 그들처럼 말하리라 하였더라면 나는 주의 아들들의 세대에 대하

여 악행을 행하였으리이다 16내가 어찌면 이를 알까 하여 생각한즉 그것이 내게 심한
고통이 되었더니 17하나님의 성소에 들어갈 때에야 그들의 종말을 내가 깨달았나이다
18주께서 참으로 그들을 미끄러운 곳에 두시며 파멸에 던지시니 19그들이 어찌하여 그
리 갑자기 황폐되었는가 놀랄 정도로 그들은 전멸하였나이다 20주여 사람이 깬 후에는
꿈을 무시함 같이 주께서 깨신 후에는 그들의 형상을 멸시하시리이다 21내 마음이 산란
하며 내 양심이 찔렸나이다 22내가 이같이 우매 무지함으로 주 앞에 짐승이오나 23내
가 항상 주와 함께 하니 주께서 내 오른손을 붙드셨나이다 24주의 교훈으로 나를 인도
하시고 후에는 영광으로 나를 영접하시리니 25하늘에서는 주 외에 누가 내게 있으리요
땅에서는 주 밖에 내가 사모할 이 없나이다 26내 육체와 마음은 쇠약하나 하나님은 내
마음의 반석이시요 영원한 분깃이시라 27무릇 주를 멀리하는 자는 망하리니 음녀 같이
주를 떠난 자를 주께서 다 멸하셨나이다 28하나님께 가까이 함이 내게 복이라 내가 주
여호와를 나의 피난처로 삼아 주의 모든 행적을 전파하리이다

2. 잠언

잠언의 주제는 여호와를 경외하는 것이 지식의 근본(잠 1:7)이라는 것입니다. 그러므로 여기에서는 여호와께서 미워하시는 것이 무엇이며(잠 6:16–19), 지은 죄를 자복하고 버리는 자가 될 것(잠 28:13) 등을 가르치고 있습니다. 잠언의 첫 구절은 "다윗의 아들 이스라엘 왕 솔로몬의 잠언이라"는 말로 시작하지만 잠언은 다양한 자료에서 '지혜의 말'을 모은 수집서입니다.

· 지혜의 찬양(잠 1:1–9:18)
· 솔로몬의 잠언(잠 10:1–22:16)
· 지혜자의 말(잠 22:17–24:34)
· 솔로몬의 잠언(잠 25:1–29:27)
· 아굴의 말(잠 30장)
· 르무엘의 말(잠 31:1–9)
· 현숙한 여인(잠 31:10–31)

⋯› 잠언이 꼭 31장으로 되어 있네요! 하루에 한 장씩 한 달이면 다 읽고 묵상할 수 있겠죠!

잠언의 가르침

잠언은 의로운 생활을 하면 하나님으로부터 인정 받는 삶이 될 것이라고 가르치고 있습니다. 유대인들은 전쟁과 포로, 귀양살이 등의 참패를 경험하였고, 이제 다시 고향으로 돌아가서 새 생활을 시작하게 되었습니다. 유대인 지도자들의 일부가 예루살렘으로 돌아갔을 때, 그들은 과거의 죄를 모두 벗어버리고 싶었습니다. 그들은 하나님께 철저히 순종하기를 원했습니다. 그들은 이런 신앙을 가지고 있었습니다.

· 하나님은 죄를 징벌하시고 의를 보상하신다.
· 율법을 준수함으로써 큰 상급을 얻는다.
· 언약 백성은 순수해야 하기 때문에 다른 신들을 섬겨서는 안 된다.
· 부정한 음식을 먹는 이방인들과 통혼해서는 안 된다.
· 성전과 거룩한 희생 제사는 하나님께 대한 신앙의 중요한 일부분이다.
· 안식일 규례는 의로운 생활의 근본이다.
· 토라를 재건하기 위해 무엇이든 해야 한다.
· 병은 죄에서 나오고 번영과 건강은 의로운 생활에서 나온다.

생각하기

잠언은 인간들의 일반적인 법칙을 이야기하고 있다. 잠언의 가르침만을 따른다면 우리들에게는 아무런 문제가 없을 것처럼 보인다. 그러나 지혜자는 이런 인간의 법칙이 그대로 통용되지 않는 것 때문에 고민하게 되었다. 어떤 경우에 육신의 병이 죄로 인하여 생기는 것이 아닐 수도 있다는 것이다. 때로 선한 자가 쓰러지고, 악한 자가 번성하는 것처럼 보이기도 한다.

일반적인 권선징악(勸善懲惡)의 법칙이 통하지 않는 곳에서 우리 신앙인들은 곤혹스러울 수밖에 없다. 욥기와 전도서는 바로 이런 문제에 대하여 답을 해주는 지혜서이다.

잠언의 내용

성경은 결코 사람이 운명적으로 불행한 존재로 지음 받았다고 말하지 않습니다. 사람은 행복하게 되도록 지음 받은 존재입니다. 문제는 참 행복이란 우리의 행동을 하나님의 통치에 복종시키므로 얻어진다는 사실입니다. 여기에서 우리가 내용을 정확하게 분류할 수는 없지만 대체적으로 세 가지의 의무로 잠언의 내용을 나누어 볼 수 있습니다.

1) (　　　　　)에 대한 의무

- · 게으르지 말고 부지런하라(잠 6:6–11).
- · 성적인 불결함을 피하라(잠 7장).
- · 지혜를 얻고 명철을 받으라(잠 2장).
- · 과음을 하지 말라(잠 23:29–35).
- · 다른 사람의 재정상의 문제에 개입하는 것을 피하라(잠 6:1–5).
- · 지나친 사치를 피하라(잠 21:17).

2) (　　　　　)에 대한 의무

- · 모든 사업 거래 관계에서의 정직(잠 11:1, 28:8).
- · 우리의 언어 생활에서의 요령과 친절(잠 15:14).
- · 궁핍한 자들에 대한 자비(잠 11:25).
- · 모든 사람들에 대한 공정함과 정의(잠 28:20–21).
- · 궁핍한 가운데 있는 친구들을 도움(잠 17:17).

3) (　　　　　)께 대한 의무 – 우리 삶의 주된 목적은 그분을 영화롭게 하는 것입니다.

- · 우리는 여호와를 신뢰해야 한다(잠 3:5).
- · 우리는 우리의 예물을 여호와께 바쳐야 한다(잠 3:9).
- · 우리는 여호와를 경외해야 한다(잠 10:27).
- · 우리는 고통의 때에 그분께로 달려가야 한다(잠 18:10).
- · 우리는 다른 어떤 것보다도 먼저 그분을 첫째로 삼아야 한다(잠 30:7–9).

◎ 잠언에는 외국의 잠언 두 개가 있습니다. 아굴과 르무엘의 잠언인데, 여기에서는 아굴의 잠언을 읽고 묵상하도록 하겠습니다.

잠언 30:7-9

7내가 두 가지 일을 주께 구하였사오니 내가 죽기 전에 내게 거절하지 마시옵소서 8곧
헛된 것과 거짓말을 내게서 멀리 하옵시며 나를 가난하게도 마옵시고 부하게도 마옵시
고 오직 필요한 양식으로 나를 먹이시옵소서 9혹 내가 배불러서 하나님을 모른다 여호
와가 누구냐 할까 하오며 혹 내가 가난하여 도둑질하고 내 하나님의 이름을 욕되게 할
까 두려워함이니이다

3. 전도서

전도서는 삶의 허무함을 노래하는 지혜서로 유명합니다. 그러나 삶이 허무하다는 사상은 성경의 생각이나 믿음과는 상치한 것입니다. 그러므로 한동안 전도서에 대한 정경성(正經性)이 의문시되기도 했습니다. 그러나 전도서의 진정한 가르침은 해 아래 삶의 허무함을 말하는 것입니다. 전도자는 삶의 허무를 통해서 하나님을 바라보게 합니다. 이 땅의 영원하지 못한 것에서 영원한 것을 사모하며, 불완전함에서 완전함을 사모하게 하여 인생의 참 행복은 하나님 안에서만 가능하다는 지혜를 보여 줍니다. 이것이 전도서의 가르침입니다.

1) 해 아래서의 삶의 허무함: 사람이 해 아래서 수고하여 얻으려고 하는 모든 것이 헛되다.

- 지혜와 지식(전 1:16-18):
- 쾌락(전 2:1-3):
- 사업(전 2:4-11):
- 죽음(전 2:12-21):

2) 하나님의 포괄적인 계획: 하나님의 주권을 인정하는 자들은 허무한 해 아래서 어떠한 삶을 살아야 하는가?

- 모든 만물은 하나님의 계획에 따라 존재하는 때가 있다. 즉 사람의 계획이 아니라 하나님의 주권이 사람들의 운명을 좌우하는 것이다(전 3:1-11).

· 하나님의 주권이 사람들의 운명을 주장하는 이유는 사람들로 하여금 하나님을 알게 하고 하나님을 경외케 하려 하심이다(전 3:14–15).

· 하나님의 주권과 하나님께서 주신 선물에 어긋나는 내용들(전 3:16–4:16).
  – 선을 행하지 않는 악한 재판관
  – 즐거움이 없는 염세주의자의 낙심
  – 사람을 학대하는 권세자
  – 기쁨과 선행이 동반하지 않는 노고

· 하나님의 주권을 인정하는 자가 마땅히 취할 태도(전 5:1–6:9).
  – 하나님을 경외하여 말씀을 청종하고 서원한 것을 갚을 것
  – 공의가 서지 않는 세상에서도 하나님의 주권을 인정함
  – 재물을 사랑치 아니함

3) 알지 못하는 사항들

· 지혜의 장: 하나님은 역경과 순탄함을 모두 허락하셨습니다. 사람들은 인생의 역경을 당하여 슬퍼하지만 고난의 때가 더 좋을 수도 있습니다. 그러므로 우리들은 고난에 대한 태도를 바꾸는 것이 필요합니다. 다음의 말씀을 읽고 묵상하십시오.

전도서 7:13–14
13하나님께서 행하시는 일을 보라 하나님께서 굽게 하신 것을 누가 능히 곧게 하겠느냐
14형통한 날에는 기뻐하고 곤고한 날에는 되돌아 보아라 이 두 가지를 하나님이 병행하
게 하사 사람이 그의 장래 일을 능히 헤아려 알지 못하게 하셨느니라

· 하나님의 섭리에 항거하지 말라: 하나님의 행하심은 아무도 모른다(전 8장).
  – 장래 일을 알지 못한다.
  – 죽는 날을 알지 못한다.
  – 선인도 기억되지 못한다.
  – 악행을 하는 자에게 징계가 속히 이르지 않는다.

– 인과응보가 역으로 적용된다.

– 그러나 악인의 삶은 길지 못할 것이다.

· 권고: 오늘 주어진 몫을 즐기라(전 9–10장).

– 먹고 마시고 즐거워하는 것은 하나님의 선물이다.

– 하나님께서 하시는 일은 지혜자라도 진정 알지 못한다.

4) 사람이 해야 할 마땅한 일(전 11–12장)

· 선행의 삶: 네 떡을 물 위에 던져라. 일곱에게나 여덟에게 나눠 주라.

· 기쁨과 근면한 삶: 아침에는 일하고 저녁에도 근면하게 일하라.

· 젊은 날에 창조주를 기억하는 삶: 곤고한 날이 이르기 전, 곧 청년의 때에 창조주를 기억하라(전 12:1).

· 에필로그: 하나님을 경외하고 그 명령을 지키라. 하나님은 사람의 모든 행위와 은밀한 일을 선악간에 심판하시리라.

4. 욥기

우리들은 때로 삶이 공평치 못하다고 느낄 때가 있습니다. 때로는 악한 자가 번성하고 선한 자가 어려움을 당하기도 합니다. 병든 자 중에 어떤 사람은 나음을 받기도 하고 어떤 사람은 나음을 받지 못하기도 합니다. 인생의 고통은 우리를 당혹케 만듭니다. "왜 이런 일이 나에게 일어났는가?"라고 우리는 묻습니다. 만일 하나님이 의롭고 선하시다면 왜 우리가 그처럼 심한 고통을 당해야 합니까? 우리의 고통은 우리의 죄 때문에 생기는 것만은 아닌 것 같습니다.

욥기의 주제:

욥기를 해석하는 사람들은 욥기의 주제와 목적에 대하여 일반적으로 오해를 하고 있습니다. 그들은 욥기의 주제를 '무고한 고난의 문제'라고 이해합니다. 그리고 욥기의 목적은 잠언과 같은 전통적인 인과응보의 교리가 부적합함을 증거하는 데 있다고 봅니다. 욥기를 하나님의 정의에 대해 이의(異意)를 제기하는 책으로 이해하는 것입니다. 그러나 욥기는 이상의 목적에 대한 답을 제시하지 않습니다. 욥기에서 '무고한 고난', '하나님의 정의' 등은 부차적인 문제일 뿐입니다.

욥기 대부분의 이야기는 전통적인 신앙의 견해를 가진 세 친구의 논리 전개입니다. 그리고 욥의 답변과 질문, 하나님의 답변으로 구성되어 있습니다. 당연하다고 받아들여지는 전통적인 지혜(세 친구의 견해)에 대한 욥의 삶과 하나님의 답변을 배우게 됩니다. 그리고 고난 중에 성도가 취해야 할 하나님 앞에서의 태도를 배우게 됩니다.

욥과 친구들의 대화

1) 첫 번째 논쟁(욥 4–14장)

첫 번째 논쟁은 인간의 상식으로는 이해할 수 없는 문제를 안고 시작됩니다. 고난을 당하는 욥에게 있어서도 자신의 처지는 이해할 수 없는 부분이었고, 친구들이 볼 때도 욥의 고난은 죄로 인한 것 말고는 해석할 방법이 없었습니다. 이제 죄가 없다고 생각하는 욥과 회개하라고 촉구하는 친구들 사이에서 논쟁이 계속됩니다.

· 엘리바스

죄 없이 망한 자가 없다. 미련한 자들의 자식이 고난을 당하고 재산을 잃는다. 그러나 하나님께 고난을 당하는 자는 복이 있다(욥 4:7–8, 5:2–8, 17, 27).

· 빌닷

욥의 아이들은 그들의 죄로 인하여 죽었다(욥 8:2–7, 11–13).

· 소발

욥은 실제로 받을 심판보다 고난이 적다(욥 11:1–6). 욥은 회개하고 하나님의 축복을 받으라(욥 11:14–16).

· 욥

친구들에게: 친구들이여! 잠잠하라(욥 12:2–3, 13:2–5).

하나님께: 하나님, 징계치 마소서. 하나님과의 관계를 회복시켜 주소서. 왜 고난을 받아야 하는지 말씀하소서(욥 13:20–24). 하나님이여, 사람들은 보잘 것 없는 존재이오니 큰 것을 기대치 마시고 긍휼을 베푸소서(욥 14:1–6).

욥의 상태에 주목하라!

욥은 자신이 태어난 날과 밤을 저주하며, 어머니의 태에서 죽어 나오지 않았음을 탄식한다. 욥은 하나님께 둘러싸여 길이 아득한 사람처럼 하나님과의 의미 있는 관계를 상실했다. 하나님을 대적자로 둔 자로서 삶의 무의미함을 고뇌하며 죽음을 원한다.

하나님과의 관계 상실

=

삶의 무의미

=

죽음

2) 두 번째 논쟁(욥 15–21장)

이어지는 논쟁은 절대로 우리들 생각의 범주를 벗어나지 않습니다. 뿐만 아니라, 우리들에게서 불가해(不可解)한 일들은 하나님의 탓으로 돌려지게 됩니다.

욥의 상태에 주목하라!

욥의 세 친구들은 욥을 향한 책망을 더 강렬하게 표현하며, 욥을 놀라게 하여 회개시키려고 한다. 그들은 악한 자들이 받는 심판을 자세히 기록한다. 이에 대하여 욥은 세상에서 악인이 번성하고 의인이 고난 당함을 말한다. 이처럼 불공평한 경우가 욥에게 해당되며, 세상에서 공의가 없어짐은 하나님 때문이라고 하나님께 책임을 돌린다.

인간의 생각

악인 = 심판, 의인 = 번성

⇒ 하나님의 공의

악인 = 번성, 의인 = 고난

⇒ 공의가 없어짐

· 엘리바스

악인은 고난을 당한다. 그들의 재산과 장막은 불에 탄다. 그들은 하나님을 도전하기 때문이다(욥 15:17–26).

· 빌닷

어찌하여 우리를 짐승처럼 여기고 부정하게 보는가! 악한 자들은 아들도 없고 손자도 없다(욥 18:3–5, 19–21).

· 소발

악인의 기간은 잠시뿐이며 경건하지 못한 자의 즐거움도 잠시뿐이다. 그가 악하게 모은 재물은 사람이 피우지 않은 불에 멸하고, 하늘이 그의 죄악을 드러내고 땅이 그를 대항하여 일어날 것이다. 이는 하나님이 하신 일이다(욥 20:4–5, 19–29).

· 욥

세상에서는 악인이 번성한다. 하나님께서 악인을 곤고하게 하심을 몇 번이나 보았느냐? 하나님은 악인의 자손이 아니라 악인 당사자를 징계하셔야 할 것이다. 악인의 번성은 하나님의 책임이며, 너희는 거짓말을 할 뿐이다(욥 21:7–13, 17–19, 34).

3) 세 번째 논쟁(욥 22–27장)

욥과 친구들의 관점에 전혀 변화가 없습니다. 그들이 가지고 있는 생각들은 점점 더 논쟁만을 더해 갈 따름입니다.

· 엘리바스

욥! 너의 악이 크고 죄악이 극하다. 너는 고아와 과부를 박해하지 않았느냐(욥

22:2–11). 하나님과 화목하고 그의 교훈을 받으라(욥 22:21–30).

· 빌닷

하나님은 주권과 위엄의 하나님이시다. 사람들은 벌레와도 같고 하나님 앞에서 의로운 자는 없다(욥 25:2, 4–6).

· 욥

하나님! 당신은 어디에 계십니까? 내 문제를 당신 앞에서 판단 받기를 원하나이다. 내가 고난을 받은 후에는 순금 같이 되어 나오리라(욥 23:2–12).

◎ 욥이 주장하는 바, 자신은 의롭다는 것입니다. 과연 욥의 의로움의 기준은 무엇입니까? 그리고 "의인은 없나니 하나도 없다"(롬 3:10)라는 신약의 말씀과는 어떤 차이가 있습니까?

욥의 상태에 주목하라!

욥은 율법적으로 의인이다. 그는 자신의 기준에 비추어서 온전한 사람이다. 이것이 욥으로 하여금 이해할 수 없게 만드는 부분이다. 자신의 기준에 의하여 하나님의 뜻을 이해할 방법이 없는 것이다. 다른 말로 표현한다면, 욥에게 있어서 '교만'의 문제가 해결되지 않았다는 사실에 주목하라. 하나님은 당신을 인정하기를 원하신다. 시편 기자는 "여호와를 인정하는 것이 지식의 근본"이라고 말한다.

인간의 생각

자신의 의 = 완전을 추구 ⇒ 교만

4) 하나님을 만난 욥(욥 38:1–40:5)

하나님과의 만남은 이제 욥의 생각을 바꾸어 놓습니다. 더 이상 자신이 기준이 되지 못함을 깨닫게 됩니다. 이제 하나님이 원하시는 인간의 모습이 무엇인지를 발견하게 될 것입니다.

· 하나님

"그 때에 여호와께서 폭풍우 가운데에서 욥에게 말씀하여 이르시되 무지한 말로 생각을 어둡게 하는 자가 누구냐 너는 대장부처럼 허리를 묶고 내가 네게 묻는 것을 대답할지니라 내가 땅의 기초를 놓을 때에 네가 어디 있었느냐 네가 깨달아 알았거든 말할지니라 … 트집 잡는 자가 전능자와 다투겠느냐 하나님을 탓하는 자는 대답할지니라"(욥 38:1-4, 40:2).

여호와의 답변은 욥의 질문에 대한 답이 되지 못합니다. 여호와는 욥이 하나님을 힐문할 위치에 있지 아니하며, 하나님께 추궁을 받을 자는 욥이라고 말씀하고 계십니다.

· 욥
"보소서 나는 비천하오니 무엇이라 주께 대답하리이까 손으로 내 입을 가릴 뿐이로소이다 내가 한 번 말하였사온즉 다시는 더 대답하지 아니하겠나이다"(욥 40:4-5).

욥의 대답(두 번째 하나님과의 만남에서):
"주께서는 못 하실 일이 없사오며 무슨 계획이든지 못 이루실 것이 없는 줄 아오니 무지한 말로 이치를 가리는 자가 누구니이까 … 내가 주께 묻겠사오니 주여 내게 알게 하옵소서 내가 주께 대하여 귀로 듣기만 하였사오나 이제는 눈으로 주를 뵈옵나이다 그러므로 내가 스스로 거두어들이고 티끌과 재 가운데에서 회개하나이다"(욥 42:2-6).

하나님과의 첫 번째 만남에서 욥은 침묵합니다. 그리고 고난의 첫 번째 유익이 '하나님의 임재를 확인'하는 것임을 알게 되었습니다. 하나님과의 두 번째 만남에서 욥은 자신이 가지고 있었던 자신의 의를 버리고 성숙을 이루게 됩니다. 이제 욥은 이해할 수 없는 고난 가운데서도 하나님을 신뢰하는 법을 배우게 된 것입니다.

결국 욥기의 주제는 (   )입니다.
흔히 우리가 당하는 고난에는 풀 수 없는 수수께끼가 수반됩니다. 천재지변, 병마, 타인의 행동 등이 우리에게 큰 고통을 가져다줍니다. 이유를 설명할 수 없는 고난을 당할 때, 역경 가운데서도 그리스도의 제자는 하나님에 대한 신뢰를 저버리지 아니합니다. 하나님은 우리에게 항상 해답을 주시지 않습니다. 그러나 하나님은 우리와 함께 계실 것을 약속하십니다.

정리해 봅시다

시대별로 구분해 보십시오.

1. 창조와 타락한 인간	창세기
2. 믿음과 순종	창세기
3. 부르심과 소명	출애굽기, 민수기
4. 소유와 율법	여호수아, 레위기, 신명기
5. 왕이 없는 백성	사사기, 룻기
6. 왕을 가진 백성	사무엘상 · 하, 열왕기상, 역대상
7. 경고하시는 하나님	열왕기하, 역대하 호세아, 아모스, 하박국, 이사야 예레미야, 예레미야애가, 요엘 미가, 스바냐, 요나, 나훔, 오바댜
8. 하나님을 잃어버린 백성	다니엘, 에스겔
9. 회복시키시는 하나님	에스라, 느헤미야, 에스더 학개, 스가랴, 말라기
10. 여호와를 경외하는 자	욥기, 시편, 잠언, 전도서, 아가

단계별 성경공부 교재

❶ 프리셉트 맨투맨 제자 양육

예수님의 제자로 살고자 할 때 가장 기초가 되는 10가지 사항을 하나님의 말씀으로 적용하도록 안내하는 교재다(1시간 예습, 교사용 별도).

■ 프리셉트성경연구원 편 | 학생용 값 8,000원 교사용 값 10,000원

❷ 프리셉트 신앙성장 학교 Ⅰ

신앙생활을 시작한 성도가 예수님의 사랑으로 신앙심이 자라갈 때 점검해야 할 사항들을 주제별로 엮은 교재다(1시간 예습).

■ 김경섭 지음 | 값 6,500원

❸ 프리셉트 큐티 학교

하나님의 말씀을 매일 묵상할 수 있도록 도와주는 묵상지인 『묵상하는사람들 QT』를 효과적으로 사용할 수 있게 안내하는 교재다.

■ 김경섭 지음 | 값 5,000원

❹ 프리셉트 제자도

약 22주의 과정 동안 '마음의 세계, 행실, 이웃관계와 공동체, 하나님과의 관계' 등에 대해 본격적으로 훈련하는 내용을 담고 있다(90분 예습).

■ 김경섭 지음 | 값 9,500원

❺ 성막

예수님의 삶과 사역을 예표하는 하나님의 특별 교육 도구요 임재의 처소였던 구약 시대의 성막을 통해, 예수님을 깊이 체득하는 시간을 갖는다(90분 예습, 인도자용 별도).

■ 김경섭 지음 | 학생용 값 8,000원 인도자용 값 15,000원

❻ 성도의 확신 Ⅰ,Ⅱ

이 교재는 제자로서 하나님의 마음을 알고 성도의 7대 확신(사죄, 구원, 임재, 동행, 기도응답, 승리, 상급)을 확립할 수 있게 돕는다(5시간 예습).

■ 김경섭 지음 | 1권 값 10,000원 2권 값 15,000원

❼ 성도의 사역

한 성도가 지역 교회의 평신도 지도자로서 확립해야 할 내용을 숙지하고 성숙한 제자로 자라 가는 데 있어서 결정적으로 도움을 주는 필수코스다(5시간 예습).

■ 김경섭 지음 | 값 18,000원

❽ 성도의 세계관

이 교재는 무신론적 세계관(예: 진화론, 허무주의, 유물론, 공산주의, 주체사상 등)에 의해 가치관의 혼돈을 겪는 성도들에게 성경 말씀에 근거해 기독교적 세계관을 확립하도록 도와주는 교재다.

■ 김경섭 편저 | 값 22,000원

프리셉트 T. 02-588-2218 | www.precept.or.kr

편 저 자
김병삼 목사
미국 U.T.S(United Theological Seminary)
선교학 박사(D.Miss)
현) 분당 만나교회 담임목사

기타 프리셉트 연구진

본서의 지도 및 기타 자료는 『프리셉트성경』의 자료를 이용하였습니다.

프리셉트 구약 개관(주교재)

편저자 | 김병삼 및 프리셉트 편집팀

초판 1쇄 | 2001년 7월 27일
초판 30쇄 | 2023년 7월 20일

발행인 | 김경섭
국제총무 | 최복순
총무이사 | 김현욱
편집부 | 고유영(편집실장), 김성경(디자인), 박은실
인쇄 | 영진문원

발행처 | 묵상하는사람들
등록번호 | 108-82-61175
일부총판 | 생명의말씀사 Tel. (02) 3159-7979 Fax. 080-022-8585

주소 | 서울특별시 서초구 청룡마을길 8-1(신원동) (우) 06802
전화 | (02) 588-2218 팩스 | (02) 588-2268
홈페이지 | www.precept.or.kr
국민은행 431410-04-058116(프리셉트선교회)

값 9,800원
ISBN 978-89-8475-999-2 04230
978-89-8475-068-9 04230(세트)

독자 여러분의 의견을 기다립니다.
(02) 588-2218 / pmbook77@naver.com